GESCHICHTE, KONZEPTE UND METHODEN DER SOZIOBIOLOGIE

Wer als Ökologe oder Verhaltensforscher keine Abenteuer in entlegenen Winkeln der Erde sucht, kann üblicherweise damit rechnen, ein recht sicheres Leben führen zu können. In den siebziger Jahren galt dies jedoch nicht für einige Vertreter einer jungen und ehrgeizigen Disziplin, der Soziobiologie. Neben heftigsten Attacken in der Presse kamen auch vereinzelte physische Angriffe vor. In diesem Jahrzehnt erlebten amerikanische Universitäten die letzten Höhepunkte eines radikalen politischen Aktivismus, der mit dem Widerstand gegen den Vietnam-Krieg begann. Seither hat sich die Lage um die Soziobiologie weitgehend entspannt, aber diese Disziplin und verwandte Denkschulen sind ab und zu immer noch für Kontroversen gut. Wie konnte eine wissenschaftliche Disziplin in einen derartigen Strudel von Kontroversen geraten?

Der Begriff »Soziobiologie« wurde erstmals Ende der vierziger Jahre des vergangenen Jahrhunderts von den beiden Biologen John P. Scott und Charles F. Hockett unabhängig voneinander benutzt. Hockett beschrieb die Soziobiologie schon damals recht ehrgeizig als eine Disziplin, die Biologie, Psychologie und Soziologie miteinander vereinen sollte. Von 1950 bis in die siebziger Jahre tauchte der Begriff ab und zu in Fachzeitschriften und im Titel von Fachkongressen auf, hinterließ aber zunächst keinen großen Eindruck innerhalb und außerhalb der Wissenschaftswelt. Dies sollte sich 1975 jedoch grundlegend und dauerhaft ändern: Im Frühsommer dieses Jahres veröffentlichte nämlich der an der renommierten Harvard University tätige Ameisenspezialist Edward O. Wilson (geb. 1929) ein nahezu drei Kilogramm schweres Werk mit dem Titel *Sociobiology: The New Synthesis*.

Wilson bot darin einen groß angelegten Überblick über die Evolution des Sozialverhaltens im Tierreich. Besondere Aufmerksamkeit – und scharfe Kritik – richtete sich vor allem auf das kurze, aber kühne letzte Kapitel des Werkes. Dort nahm sich Wilson des menschlichen Sozialverhaltens an und deutete es vollständig aus einer biologischen Perspektive. Wilson spekulierte vor allem über Erscheinungen wie Inzuchtvermeidung, sexuelle Promiskuität, Geschlechterrollen, Kindestötung und Xenophobie. Er brach damit einen liberalen Nachkriegs-Konsensus, der in Reaktion auf die eugenischen Bewegungen des frühen 20. Jahrhunderts und die Exzesse des Nazismus menschliches Verhalten und Fähigkeiten vor allem als Folge sozialer Prozesse und Prägungen betrachtete. Jegliche Form des genetischen Determinismus und Biologismus galt als verpönt und politisch reaktionär.

In der Psychologie war ein Bruch mit diesem Konsensus allerdings schon einige Jahre vorher geschehen: 1969 hatte der Psychologe Arthur R. Jensen im angesehenen »Harvard Educational Review« einen umfangreichen Aufsatz mit dem Titel »How much can we boost IQ and scholastic achievement?« veröffentlicht. Jensen glaubte in dem Aufsatz nachzuweisen, Intelligenzunterschiede zwischen ethnischen Bevölkerungsgruppen seien zu einem großen Ausmaß auf genetische Unterschiede zurückzuführen. Alle Versuche, beispielsweise die schlechten schulischen Leistungen von sozial benachteiligten Schwarzen in den Vereinigten Staaten durch Förderprogramme zu verbessern, seien daher zum Scheitern verurteilt. Jensens Arbeit, obwohl sie auch auf nachweislich gefälschten Daten des britischen Psychologen Sir Cyril Burt beruhte, legitimierte in der Folge eine Renaissance genetischer Studien zu komplexen menschlichen Verhaltensformen. Wilsons Spekulationen über menschliche Verhaltenselemente als evolutiv geformte Merkmale wurden sofort mit Jensens wissenschaftlich und politisch umstrittener Arbeit in Verbindung gebracht. Denn eine notwendige Voraussetzung biologischer Evolution, und somit auch der Evolution von Sozialverhalten, ist die **Erblichkeit** von Merkmalen. Wilsons provokanter Vorstoß erlangte eine besondere Bedeutung aber nicht nur durch seine Verbindung mit einer oft als eugenisch verurteilten Verhaltensgenetik, sondern auch vor dem Hintergrund einer Entwicklung, in deren Verlauf die Evolutions- und Verhaltensbiologie einen enormen konzeptuellen Wandel erfuhr. Dieser Wandel wurde verursacht vom offenbar unaufhaltsamen Aufstieg des »egoistischen Gens« in der Biologie. Verhaltensgenetik und Soziobiologie gingen in den Augen von Kritikern eine unheilige Allianz ein: Nicht nur waren angeblich zahlreiche sozial bedeutsame Verhaltensweisen genetisch determiniert, die verantwortlichen Gene waren auch noch durch und durch »egoistisch«! Dieses neue Bild von der »Natur« des Menschen drohte in den Augen von Humanwissenschaftlern viele politische und soziale Theorien zu untergraben. Und in ihrem Eifer machten Edward O. Wilson und viele seiner Anhänger bei der Deutung menschlichen Verhaltens nicht immer eine klare Unterscheidung zwischen Erklärung und Rechtfertigung. Sozial zweifelhafte und unerwünschte Verhaltensweisen erschienen in soziobiologischen Theorien häufig als »natürlich«, »angeboren« und implizit als nicht abänderbar. Abseits von den öffentlichen Schlachtfeldern, auf denen der Kampf um die Deutungshoheit im Hinblick auf den Menschen ausgetragen wurde, entwickelte sich die neue Verhaltensbiologie jedoch lebhaft weiter und zahlreiche empirische und theoretische Forschungsprogramme wurden auf den Weg gebracht. S. 94

Die Theorie des egoistischen Gens ist von zentraler Bedeutung für das Verständnis der Soziobiologie und ihrer Entwicklung. Richard Dawkins' (geb. 1941) Bestseller *The Selfish Gene* erschien zwar erst 1976, also ein Jahr nach Wilsons Werk, aber die Ursprünge des von Dawkins außerordentlich wirksam popularisierten gen-egoistischen Denkens lagen schon einige Jahre zurück. Die außerhalb der Biologenzunft nur wenigen bekannten, jedoch außerordentlich einflussreichen Evolutionsbiologen John Maynard Smith (geb. 1920) und

George C. Williams (geb. 1926) hatten in den sechziger Jahren erkannt, dass Gene eine besondere Rolle in der Evolution spielen sollten. Die Kernaussage lässt sich so resümieren: In Individuen zusammengefasste Gene sind die wichtigsten Einheiten und Nutznießer der Evolution. Nur sie – und nicht instabile Gruppen von Organismen – können aufgrund ihrer Fähigkeit zur Selbstvermehrung dauerhafte Abstammungslinien bilden und Nutznießer von sich im Verlauf vieler Generationen unter ihrer Kontrolle langsam und schrittweise ausbildenden Anpassungen sein. Individuelle Organismen sind dagegen nur ein zeitweiliger Ausdruck einer Koalition von Genen, die einen Organismus als »Vehikel« zur Durchsetzung ihrer Interessen gegen die Umwelt und andere in Individuen zusammengefasste Genkoalitionen gestalten. Anpassungen bestanden nur vordergründig zum Wohl des Organismus, tatsächlich setzen sie die »Fortpflanzungsinteressen« der Gene durch

In der Biologie war es bis zu dieser Zeit gang und gäbe gewesen, von Merkmalen zu sprechen, als seien sie zum Wohl der Art gestaltet. Vögel legten angeblich pro Gelege nie so viele Eier wie sie eigentlich konnten, um dadurch die Nahrungsgrundlage der Population zu schonen. Ritualisierte Kämpfe, bei denen keiner der Widersacher ernste Verletzungen erlitt, galten ebenso als Hinweis, dass das Wohl der Art im Mittelpunkt der Evolution von Verhalten stand. John Maynard Smith zeigte, dass solche Argumente inkonsistent sind: So ist beispielsweise eine Vogelpopulation, deren Mitglieder sich zum Wohl der Gruppe bei der Fortpflanzung zurückhalten, nicht immun gegen die Ausbreitung von egoistischen Abtrünnigen, die sich nicht an diese Selbstbeschränkung halten und nur den eigenen Fortpflanzungsinteressen folgen. Ein egoistisches Gen, das dieses abtrünnige Verhalten bestimmt, kann sich problemlos ausbreiten und die Altruisten verdrängen. Anpassungen, die zum Wohle der Gruppe bestehen, sollten sehr selten sein, denn anders als Gene können sich Gruppen nicht zuverlässig von einer Generation zur nächsten kopieren. Aber selbst Organismen waren nicht immer die richtige Ebene der Betrachtung. Unter vielen Umständen ist das Schicksal des Gesamtorganismus mit dem Schicksal aller Gene identisch: Stirbt der Organismus, bevor er sich fortpflanzen kann, dann sind alle Gene in einer evolutiven Sackgasse gelandet. Es kann aber durchaus zu Konflikten auf der genetischen Ebene kommen. So gelingt es beispielsweise den so genannten »meiotic drive«-Genen, sich bei der Bildung der Keimzellen einen unfairen Vorteil zu verschaffen und in mehr Fortpflanzungszellen vorzukommen, als ihnen aufgrund der Gesetze der Wahrscheinlichkeit zusteht: Jedes in Körperzellen in zweifacher Ausfertigung vorliegende Gen sollte eine fünfzigprozentige Chance haben, in einer Keimzelle zu landen; manchen Genen gelingt es jedoch, die Keimzellenbildung derart zu manipulieren, dass sie in allen Keimzellen vorkommen. Andere Gene im Genom haben die Aufgabe, diese unkooperativen Erbanlagen in Schach zu halten.

Die gen-egoistische Sichtweise machte einen Blick in die belebte Natur für eine neue Generation von Wissenschaftlern wieder interessant und zu einer Herausforderung: Was vorher als selbstverständlich betrachtet worden war, wurde zu einem Problem. Warum etwa waren viele Kämpfe im Tierreich ritualisiert? Aus einer gen-egoistischen Perspektive stellte eine solche Rücksichtnahme ein Problem dar. Im Allgemeinen wurde jede Form der Kooperation und im Tierreich zu einer wissenschaftlichen Herausforderung. Darüber hinaus wurden als vorbildlich betrachtete kooperative Beziehungen, wie die zwischen Eltern und ihrem Nachwuchs, vom einflussreichen Biologen Robert Trivers (geb. 1943) zu potenziellen Konfliktherden erklärt, da die genetischen Interessen der beiden Parteien nicht in jeder Hinsicht identisch sein müssen. William D. Hamilton (1936 – 2000) hatte 1964 in seiner Doktorarbeit, die von den Prüfern mit völligem Unverständnis aufgenommen worden war, Altruismus aus einer gen-egoistischen Sicht im Tierreich erklären können. In dem neuen Klima erfuhr er endlich die ihm zustehende Anerkennung.

Richard Dawkins verschaffte der Theorie des egoistischen Gens mit seinem schriftstellerischen und kämpferischen Talent weltweit ein breites Publikum.

Diese Expansion der Soziobiologie hatte aber auch einen disziplinären Preis – sie geschah auf Kosten der klassischen, von Konrad Lorenz (1903 – 1989) mitbegründeten Ethologie. Die klassische Verhaltensforschung interessierte sich besonders für die Individualentwicklung und die Steuerung des Verhaltens und nur wenig für dessen evolutionäre Funktion. Diese methodischen Schwerpunktsetzungen trugen zum Niedergang der Ethologie bei. Sie beruhte auf einem hoffnungslos veralteten Modell der Verhaltenssteuerung, dem »hydraulischen Instinktmodell« von Konrad Lorenz. Motivation wurde als Wasserstand in einem Reservoir analogisiert. Ab einer gewissen Höhe und bei der gleichzeitigen Präsentation eines Schlüsselreizes kann das Wasser ablaufen – eine Instinkthandlung wird ausgeführt. Dieses Modell war in den sechziger Jahren gemäß den neuesten Erkenntnissen der Neurobiologie nicht mehr haltbar, es gab jedoch keine Alternative mit einem ähnlich universellen Erklärungsanspruch. Junge Wissenschaftler wendeten sich also von Fragen der Verursachung und Steuerung von Verhalten ab. Sie konzentrierten ihre Aufmerksamkeit auf das beobachtbare Verhalten und suchten unter dem Eindruck der neuen Theorien von Maynard Smith, Dawkins, Hamilton und Trivers nach dem Anpassungswert von Verhalten.

An dieser Stelle ist auch ein klärender Hinweis zur Terminologie angebracht. Der Begriff »Soziobiologie« wurde, vor allem im englischsprachigen Raum, schon früh durch andere, weniger durch politische Kontroversen belastete Bezeichnungen ersetzt, jedoch nicht vollständig verdrängt. So kümmert sich die Disziplin der Verhaltensökologie um die Erforschung von Verhaltenweisen als von der Auslese geformte Anpassungen – ob diese Verhaltensweisen sozial sind oder nicht. Ausschließlich auf den Menschen konzentriert sich hingegen die Evolutionäre Psychologie, die je nach Sichtweise als Weiterentwicklung oder Konkurrentin der Soziobiologie angesehen werden kann. Der Begriff »Soziobiologie« besitzt jedoch noch immer eine außergewöhnliche Kraft, vor allem weil sich in ihm die harten Kontroversen um die Deutung der Stellung des Menschen in und gegenüber der Natur widerspiegeln.

Die Grundlagen der darwinistischen Evolutionsbiologie

Um die Anwendung des gen-egoistischen Anpassungsdenkens auf tierisches und menschliches Verhalten besser verstehen zu können, ist ein kleiner Abstecher in die Grundlagen der auf Charles Darwins Werk aufbauenden modernen Evolutionsbiologie notwendig. Den Soziobiologen geht es darum, die Bedeutung von Anpassungen, Adaptationen, zu erklären. Anpassungen sind Merkmale, die in der Gegenwart existieren, weil sie den Vorfahren der heutigen Organismen beim Überleben und der Fortpflanzung halfen.

Die natürliche Auslese vermag nur wirksam zu sein und Anpassungen zu gestalten, wenn mindestens drei Voraussetzungen gegeben sind: Variabilität von Merkmalen, Unterschiede im Fortpflanzungserfolg und Überleben von Individuen und letztlich **Erblichkeit** S. 94 der Merkmalsvariabilität. Organismen in einer Population sind variabel – manche Organismen sind größer oder kleiner als der Mittelwert, manche sind besser bei der Nahrungssuche oder der Vermeidung von Fressfeinden als andere. Die Variabilität von Organismen kann prinzipiell jedes Merkmal betreffen. Manche Varianten sind den Herausforderungen der sozialen und nicht-sozialen Umwelt besser gewachsen als andere. Diese Varianten haben daher bessere Chancen, in der Konkurrenz um knappe Ressourcen zu überleben und Nachwuchs zu produzieren. Wenn die Merkmalsvarianten, welche die Überlebenswahrscheinlichkeit und den Fortpflanzungserfolg und somit die biologische **Fitness** bestimmen, zumindest teil- S. 96

weise erblich sind, dann werden diese vorteilhaften Varianten in den folgenden Generationen immer zahlreicher in der Population repräsentiert sein. Solange Mutation und Rekombination neue erbliche Variation – den unentbehrlichen Rohstoff evolutiven Wandels – erzeugen und der Auslese genügend große Fitnessunterschiede zur Verfügung stehen, wird sich die Merkmalsverteilung in der Population ändern.

Variation, Erblichkeit und Fitnessunterschiede sind notwendig, aber nicht ausreichend für das Entstehen von komplexen Anpassungen. Es bedarf darüber hinaus noch der Erfüllung einiger weiterer Voraussetzungen. Adaptiver evolutiver Wandel geschieht gemäß der darwinistischen Lehre langsam und schrittweise. Mutationen, mit denen die Auslese zu arbeiten vermag, dürfen daher nur kleine Wirkungen auf Gestalt und Verhalten haben, denn Mutationen mit großen Wirkungen führen mit an Sicherheit grenzender Wahrscheinlichkeit zu negativen Folgen für das Überleben und die Fortpflanzungsfähigkeit der betroffenen Organismen – jedes System, dessen Funktion auf dem komplexen Zusammenspiel vieler Komponenten beruht, wird durch große zufällige Änderungen fast immer nicht funktionsfähiger, sondern völlig wirkungslos. Mutationen mit kleiner Wirkung sind ebenfalls meist mehr oder weniger schädlich, aber einige wenige können positive Folgen haben und Schritt für Schritt eine Anpassung zum Optimum führen.

Darüber hinaus muss auch noch die Balance zwischen Mutationshäufigkeit und Auslesedruck stimmen. Ist die Mutationshäufigkeit zu hoch, kann die Auslese nichts gegen eine ständige »Verschlechterung« des Phänotyps ausrichten. Die meist schädlichen Mutationen führen den Phänotyp vom Optimum weg, und einer zu schwachen Auslese kann es unter diesen Umständen nicht gelingen, den Phänotyp zum Fitnessgipfel zu bringen oder in der Nähe zu halten. Ist der Auslesedruck hingegen zu stark, wird die zur Verfügung stehende genetische Variabilität zu schnell erschöpft und der Auslese ste-

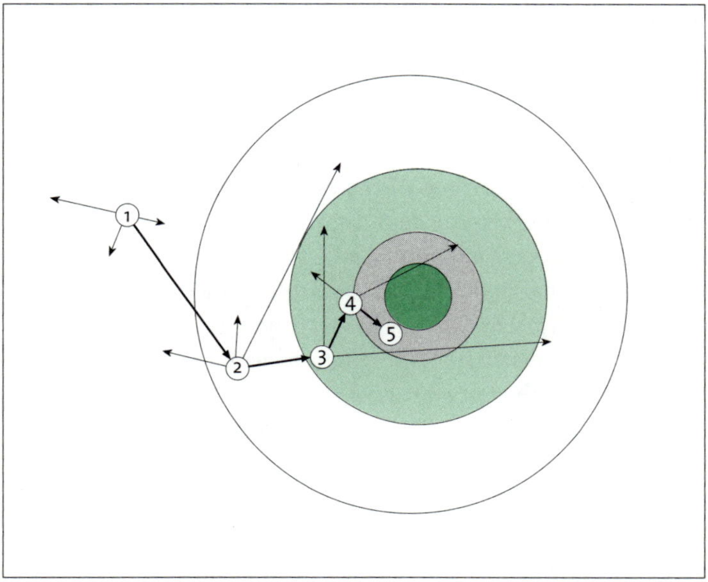

Die konzentrischen Kreise stellen Höhenlinien eines Fitness-Berges dar. Punkt 1 ist der Ausgangspunkt einer Population. Die Pfeile repräsentieren die Richtung und Größe zufälliger Mutationen. Die fett gedruckten Pfeile sind die Mutationen, die sich durchsetzen und die Population zu einem Zustand maximaler Fitness führen. Vor allem in der Nähe des Gipfels werden Mutationen mit kleiner Wirkung ausgelesen.

hen dann keine großen Fitnessunterschiede mehr zur Verfügung. Eine typische Erfahrung von Tier- und Pflanzenzüchtern ist, dass künstliche Auslese zunächst sehr schnell verläuft, dann aber deutlich an Schwung verliert oder völlig aufhört, weil keine genügend große Variabilität mehr vorliegt – der Wandel des Organismus ist dann irgendwo auf dem Weg zum Gipfel stecken geblieben.

Das Programm der Soziobiologie beruht auf der zunächst wenig kontrovers klingenden Idee, Verhaltensmerkmale seien genau so wie anatomische, morphologische oder physiologische Merkmale variabel und erblich und bestimmten auch die Fitness eines Organismus mit. Sobald diese Voraussetzungen gegeben sind, kann eine kumulative Auslese potenziell auch an Verhaltensvarianten ihr Werk verrichten. Insbesondere die Erblichkeit von Verhaltensmerkmalen ist allerdings empirisch nur unter großen Schwierigkeiten nachweisbar. Besondere Bedeutung für die experimentelle Arbeit von Soziobiologen hat daher die Klärung der Frage, ob – oft durch experimentelle Eingriffe erzeugte – Verhaltensvarianten sich unterschiedlich auf Überlebenswahrscheinlichkeit und Fortpflanzungserfolg auswirken. So werden beispielsweise Gelege von Vögeln experimentell vergrößert und verkleinert oder manche Tiere in der Brutsaison mit zusätzlicher Nahrung versorgt und andere nicht. Dann wird das Überleben der Eltern gemessen und die Anzahl der Nachkommen gezählt.

In Anbetracht der Schwierigkeit, die Erblichkeit von Verhaltensmerkmalen festzustellen, hat sich die Soziobiologie in Theorie und Praxis meist dem so genannten »phänotypischen Gambit« verschrieben: Es wird vereinfachend angenommen, das einfachste vorstellbare genetische System bestimme das zu untersuchende Merkmal. Bis auf wenige Ausnahmen unterstützen, wie John Maynard Smith gezeigt hat, die klassischen Annahmen der evolutionären Genetik den Gambit – ob aber die klassischen Annahmen der evolutionären Genetik immer gerechtfertigt sind, ist allerdings eine offene Frage. Der phänotypische Gambit ist eine auf enorme empirische Herausforderungen reagierende Notlösung, die sich bisher aber glücklicherweise als methodisch sehr fruchtbar erwiesen hat. Denn er rechtfertigt eine mathematische Betrachtung von Verhaltensweisen mit den Methoden der Optimalitätsanalyse und der Spieltheorie. So können, ohne dass komplizierte genetische Details den Soziobiologen Kopfzerbrechen bereiten müssen, detaillierte und oft experimentell überprüfbare Vorhersagen über den unter bestimmten Umweltbedingungen wahrscheinlichen Endpunkt evolutiven Wandels gemacht werden.

Optimalität, Spieltheorie und experimentelle Tests

Die klassische Verhaltensforschung Konrad Lorenz'scher Prägung gab sich meist zufrieden mit der vergleichenden Beschreibung von Verhaltensphänotypen und der Untersuchung ihrer physiologischen Ursachen. Verhaltensforscher konnten also beispielsweise zählen, wie viele Eier eine Blaumeise legt oder untersuchen, wie das Legeverhalten bei Vögeln oder aggressives Verhalten bei anderen Arten neuronal oder von Hormonen gesteuert wird und welche Außenreize als Auslöser wirken. Solche klassischen ethologischen Forschungen konnten allerdings keine quantitativen Vorhersagen machen. Sie gaben keinen Aufschluss darüber, warum ein Blaumeisenweibchen in der Regel pro Gelege nur neun bis zehn Eier legt und nicht, was physiologisch ohne weiteres möglich ist, dreizehn Eier. Mit dem Aufstieg des von Richard Dawkins formulierten Gen-Egoismus war die interessante Frage gestellt geworden, warum ein egoistisches Individuum seine Fortpflanzung denn begrenzen sollte. Die Erklärung, dieses Legeverhaltens diene dem Überleben der Art, vermochte nicht mehr zu überzeugen.

Die Ethologie stand nach dem Auftauchen der Soziobiologie noch anderen Schwierigkeiten gegenüber. Sie vermochte nicht, die nicht immer sehr offensichtlichen, aber jetzt von den Soziobiologen hervorgehobenen Interessenkonflikte zwischen Individuen zu erkennen und konnte für solche Erscheinungen natürlich auch keine Erklärungen anbieten. Warum die Gottesanbeterin das Männchen nach der Paarung frisst oder männliche Taufliegen mit ihren Spermien für das Weibchen giftige Stoffe übertragen, konnten klassische Verhaltensforscher nicht erklären. Die Theorie, dass die natürliche Auslese an Genen und nicht an Gruppen von Organismen ansetzt, machte es wahrscheinlich, dass auch bei einer auf den ersten Blick so kooperativen Erscheinung wie der Fortpflanzung Konflikte herrschen können – was für Gene eines Weibchens gut ist, muss noch lange nicht auch im Interesse der Gene des männlichen Fortpflanzungspartners sein. Kooperation darf nicht, wie in der Verhaltensforschung oft geschehen, als gegeben angesehen, sondern muss erklärt werden.

Die Betrachtung individueller Entscheidungsfindung von Organismen und von potenziellen Konflikten führten ab den sechziger Jahren zur vermehrten Anwendung von mathematischen Methoden in der Verhaltensbiologie. Warum also legt eine Blaumeise in der Regel neun Eier? Die Antwort lautete jetzt, dies sei die optimale Gelegegröße, welche den Fortpflanzungserfolg des Vogels maximierte. Bei dieser Gelegegröße sei der Unterschied von Nutzen und Kosten für den individuellen Vogel so groß wie möglich.

Die egoistischen Genversionen, die für die optimale Gelegegröße verantwortlich sind, maximieren in Konkurrenz mit anderen Genversionen ihre Repräsentation in der folgenden Generation. Die Kosten und Nutzen lassen sich bei diesem Beispiel wie folgt beschreiben: Blaumeisenweibchen legen keine 13 Eier, da die beiden Eltern dann mit dem Füttern nicht mehr nachkommen und die Küken schlechte Überlebenschancen haben – daher bedeutet eine solch hohe Gelegegröße eine verminderte Fitness. Darüber hinaus hat diese Anstrengung Folgen für die Eltern: Der Aufwand, so viele Küken zu füttern, verschlechtert den Zustand der elterlichen Vögel so sehr, dass sie den Winter nicht oder in einem schlechteren Zustand überleben und im nächsten Jahr möglicherweise nur in der Lage sind, einige wenige Küken aufzuziehen. Eine geringe Gelegegröße bedeutet hingegen einfach eine verpasste Gelegenheit, mehr Nachwuchs mit guten Überlebensmöglichkeiten aufzuziehen und daher auch eine verminderte Fitness. Solche Optimierungsargumente finden zahlreiche Anwendungen in der Verhaltensökologie, besonders in der mittlerweile hoch mathematisierten Theorie des optimalen Nahrungserwerbs.

Optimalitätsanalysen in der Soziobiologie und Verhaltensökologie gestehen den untersuchten Organismen eine enorme Flexibilität zu.

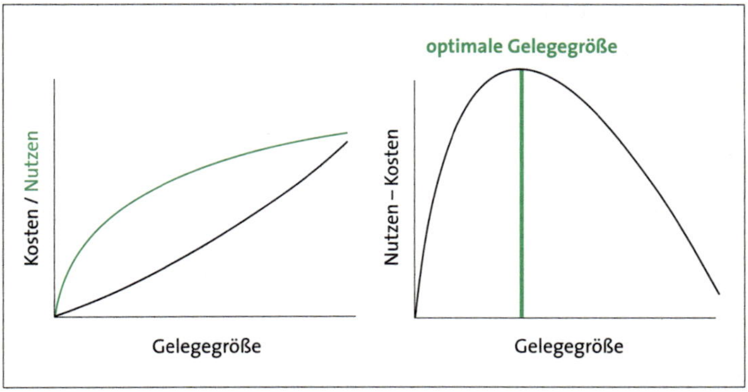

Kosten und Nutzen verschiedener Gelegegrößen. Der Nutzen jedes zusätzlichen Eies wird mit steigender Gelegegröße immer kleiner, da die Eltern mit der Nahrungsversorgung überfordert werden. Die Kosten steigen hingegen immer stärker an, da sowohl Küken als auch Eltern bei großen Gelegen niedrigere Überlebenschancen haben.

Organismen wurden von der Auslese so gestaltet, dass sie unter unterschiedlichsten Bedingungen ihren Lebenszeit-Fortpflanzungserfolg maximieren. Genetische Faktoren schreiben einem Lebewesen kein festes, inflexibles Programm vor, sondern Strategien der Form »unter Bedingung X treffe Entscheidung A, unter Bedingung Y treffe aber Entscheidung B«. Eine Blaumeise, die in einem Jahr besonders gute Nahrungsbedingungen vorfindet oder sich ein außerordentlich gutes Territorium zu sichern vermag, kann es sich unter diesen Umständen möglicherweise leisten, mehr als 9 Eier zu legen. Ein errechnetes Optimum bezieht sich daher immer auf ein Individuum unter den im Modell spezifizierten Bedingungen und kann keine Allgemeingültigkeit für alle Umweltbedingungen beanspruchen.

Als besonders folgenreich für die Soziobiologie erwies sich jedoch die Anwendung der mathematischen Spieltheorie, mit der soziale Interaktionen behandelt werden können. In einer Optimalitätsbetrachtung genügt es, einen einzelnen Organismus und die Herausforderungen der Umwelt zu betrachten. Die optimale Form eines Vogelflügels hängt von den Eigenschaften der Luft und nicht davon ab, was andere Vögel tun. Der Anpassungswert vieler anderer Verhaltensweisen – und im besonderen von sozialen Verhaltensmerkmalen – ist jedoch abhängig davon, welche Verhaltensweisen von anderen Mitgliedern der Population gewählt werden. Einem einzelnen rücksichtslosen Egoisten in einer Population von selbstlosen Altruisten bieten sich enorme Gelegenheiten, die Gutwilligkeit der anderen auszunutzen. Besteht hingegen die Möglichkeit, dass ein Egoist nicht nur Altruisten, sondern auch andere Egoisten trifft, wird diese rücksichtslose Verhaltensweise immer weniger attraktiv – wie »wertvoll« egoistisches Verhalten ist, beruht darauf, wie viele andere Egoisten in der Population vorhanden sind. Dieser Umstand wird in der Evolutionsbiologie als frequenzabhängige Auslese bezeichnet. Eine interessante Frage ist, ob eine Population aus evolutiv stabilen Anteilen von Egoisten und Altruisten bestehen kann. Die mathematische Spieltheorie vermag solche Fragen zu beantworten. Die biologische S. 98 Spieltheorie findet so genannte **»evolutionär stabile Strategien« (ESS)** – dies ist einer der zentralen Begriffe der modernen Verhaltensbiologie: Evolutionär stabile Strategien können von keiner der anderen möglichen Strategien aus einer Population verdrängt werden.

Spieltheoretische Argumente wurden schon 1930 von dem Mathematiker und Genetiker Ronald A. Fisher (1890 – 1962) und 1961 von dem einflussreichen Evolutionsbiologen Richard C. Lewontin (geb. 1929) benutzt. 1973 führten John Maynard Smith und George Price (1922 – 1975) den Begriff ESS in die Verhaltensbiologie ein und machten zum ersten Mal vielen anderen Wissenschaftlern die Bedeutung und die Möglichkeiten der Methode verständlich. Smith und Price illustrierten die Spieltheorie mit einem mittlerweile klassischen Beispiel, dem Falken-Tauben-Spiel. Dieses Spiel betrachtet ein grundlegendes Problem aus der Verhaltensforschung: Warum eskalieren viele Konflikte im Tierreich nicht, sondern werden auf eine ritualisierte, friedliche Weise beigelegt?

Ein Spiel wird in der Spieltheorie mit Hilfe einer Matrix dargestellt. Im Falken-Tauben-Spiel stehen sich zwei Widersacher gegenüber, die jeweils eine von zwei Strategien nutzen können: Falken eskalieren jeden Streit und kämpfen, bis sie verletzt sind oder der Widersacher sich zurückzieht, Tauben stellen sich ihrem Widersacher gegenüber, aber ziehen sich sofort zurück, falls dieser angreift. Die Strategien des einen Spielers werden durch die Spalten, die Strategien des anderen Spielers durch die Reihen der Matrix repräsentiert. Die Einträge in der Matrix geben an, welche »Belohnung« jeder Spieler erhält. Für das Falken-Tauben-Spiel sieht die Spiel-Matrix, die aus der Perspektive des von dem in den Reihen repräsentierten Spielers gelesen wird, wie folgt aus:

	Falke	*Taube*
Falke	*(W–K)/2*	*W*
Taube	*0*	*W/2*

Zwei Widersacher kämpfen um eine Ressource mit dem Wert *W*; ein Kampf schlägt mit Kosten *K* zu Buche. Der Eintrag oben links *(W–K)/2* besagt, dass bei einem Aufeinandertreffen von zwei Falken jeder der beiden Kontrahenten die Auseinandersetzung mit einer Wahrscheinlichkeit von ½ gewinnt und jeder Spieler einen Preis *K* bezahlt. Trifft ein Falke auf eine friedvolle Taube – in der Matrix oben rechts –, kann der Falke den Gewinn *W* vollständig für sich beanspruchen und muss keine Kosten zahlen. Trifft eine Taube auf einen Falken, zieht diese sich sofort zurück und geht leer aus (unten links). Treffen zwei Tauben aufeinander (unten rechts), wird die Ressource fair geteilt. Ist »Falke«, »Taube« oder eine Mischung der beiden Strategien evolutionär stabil? Angenommen, der Wert der umkämpften

Ressource ist $W = 2$ und ein Kampf kostet $K = 6$. Weder reine Tauben- noch reine Falkenpopulationen sind in diesem Fall stabil. In einer reinen Taubenpopulation können sich die seltenen Falken zunächst ausbreiten, da sie vor allem mit Tauben in Wettbewerb treten und dabei immer die Ressource gewinnen. Eine reine Falkenpopulation ist dem Untergang geweiht, weil jede Auseinandersetzung zu einem Verlust von $(W-K)/2 = -2$ »Fitness«-Einheiten führt. In diesem Beispiel ist eine Mischung von einem Drittel Falken und zwei Drittel Tauben evolutionär stabil, denn dieses Zahlenverhältnis führt dazu, dass die beiden Strategien den gleichen mittleren Erfolg von 0,67 haben. Hier wird der Unterschied zwischen individueller Maximierung und evolutionärer Stabilität deutlich: Wenn alle Individuen die Taubenstrategie spielten, würde der durchschnittliche Gewinn größer als 0,67, nämlich $W/2 = 1$ sein. Eine gemischte evolutionär stabile Strategie kann auf zwei verschiedene Weisen verwirklicht werden: Entweder die Population besteht aus den entsprechenden Anteilen Falken und Tauben oder jedes Individuum wählt bei jeder Auseinandersetzung mit der Wahrscheinlichkeit 1/3 die Falkenstrategie und mit der Wahrscheinlichkeit 2/3 die Taubenstrategie.

Die Spieltheorie hat in den vergangenen Jahrzehnten einen enormen Einfluss auf die evolutionäre Analyse von Verhalten ausgeübt. S.100 So hat das berühmte **Gefangenendilemma** für die evolutionäre Deutung menschlichen Verhaltens eine besondere Bedeutung gewonnen. Die Annahme ist zweifellos nicht zu weit hergeholt, dass die meisten Verhaltensweisen einer Form frequenzabhängiger Auslese unterliegen sollten, da kaum ein Verhalten in Isolation von anderen Individuen auftritt. Die mathematische Analyse ist oft jedoch äußerst aufwendig und schwierig, so dass eine vorläufige Bearbeitung des Problems mit normalen Optimierungsmethoden durchaus weiterhilft.

Der Aufschwung mathematischer, eindeutige Vorhersagen ermöglichender Methoden in der Soziobiologie ging mit einem verstärkten

Einsatz von kontrollierten, manipulativen Experimenten auf Kosten reiner Verhaltensbeobachtungen einher. Bei der Überprüfung von Hypothesen zum Lege- und Brutpflegeverhalten von Vögeln sind beispielsweise eine Vielzahl von Manipulationen angewendet worden – Eier werden Gelegen hinzugefügt oder entfernt, zusätzliche Nahrung wird bereitgestellt oder ausgestopfte Räuber werden präsentiert. Verhaltensbiologen müssen als Folge dieser methodischen Entwicklungen heute eine Reihe von Fähigkeiten vereinigen: Sie sollten Verständnis für mathematische Modelle besitzen, kompetente Statistiker sein, um komplexe experimentelle Daten auswerten zu können, und natürlich immer noch ein tiefes Verständnis ihrer Studienorganismen haben.

Die vergleichende Methode

Von der Theorie des egoistischen Gens inspirierte Optimalitätsmodelle und die Spieltheorie machen – oft experimentell überprüfbare – Vorhersagen über den möglichen Endpunkt evolutiven Wandels. Experimente sind allerdings nicht immer möglich oder ethisch vertretbar, und Modelle müssen die Realität auf ein mathematisch fassbares Maß reduzieren. Vergleichende Untersuchungen sind eine weitere wichtige Methode, Hypothesen zu entwerfen oder zu überprüfen. Wenn ein Biologe vermutet, eine bestimmte Merkmalskombination tauche auf, weil es nützlich für die Bewältigung einer bestimmten Herausforderung ist, dann lohnt es sich nachzuprüfen, ob andere Arten, die vor der gleichen Herausforderung stehen, die gleiche oder eine ähnliche Merkmalskombination entwickelt haben. Diese Methode hält aber einige Fallstricke bereit. Nah verwandte Arten leben oft in ähnlichen Lebensräumen und stehen daher oft ähnlichen Herausforderungen gegenüber. Wenn bei solchen Arten jeweils eine bestimmte ökologische Herausforderung und eine Merkmalskombination gemeinsam vorkommen, kann dies automatisch als eine Unterstützung für die Hypothese gelten, der Merkmalskomplex sei eine Anpassung? Vielleicht haben die Arten ihren Lebensraum – und damit die ökologischen Herausforderungen – und die Merkmalskombination von ihrem gemeinsamen Vorfahren geerbt? Vielleicht sind bei einem genaueren Hinsehen die Herausforderungen gar nicht so ähnlich, aber trotzdem treten die Merkmale auf? Anpassung ist die Folge eines historischen Prozesses und daher muss bei vergleichenden Studien eben auch diese historische, stammesgeschichtliche Information berücksichtigt werden.

Eine Vernachlässigung evolutionärer Geschichte kann manchmal in die Irre führen. So haben beispielsweise Bären ein für Säugetiere ungewöhnlich niedriges Geburtsgewicht. Eine Hypothese besagt, dies sei möglicherweise der Preis, den Bären für den Besitz der physiologischen Fähigkeit zu zahlen haben, im Zustand des energiesparenden Winterschlafes zu überwintern. Eine Analyse, die stammesgeschichtliche Zusammenhänge berücksichtigte, zeigte jedoch, dass niedriges Geburtsgewicht historisch vor der Fähigkeit zum Winterschlaf auftauchte und auch bei Bärenarten vorkommt, die nicht auf diese Weise den Winter überdauern – die Merkmalskombination von Winterschlaf und niedrigem Geburtsgewicht ist daher keine Anpassung an harte Winter. Historische Informationen können auf diese Weise helfen, adaptive Vermutungen zur Kombination zweier Merkmale zu widerlegen oder zu unterstützen.

Dieses Beispiel illustriert ein neues Anwendungsfeld von vergleichenden Methoden, die seit den achtziger Jahren einen enormen Aufschwung erlebt haben: Die Ausprägungen von Merkmalen werden auf dem Stammbaum einer Organismengruppe kartiert. Damit können die Übergänge von einer Merkmalsausprägung zu einer anderen untersucht, sich wandelnde Merkmalskombinationen und auch mögliche Ursachen identifiziert werden. Allerdings sind natürlich meist nur die Merkmalsausprägungen der jetzt lebenden Arten bekannt – besonders wenn es sich um Verhaltensmerkmale handelt.

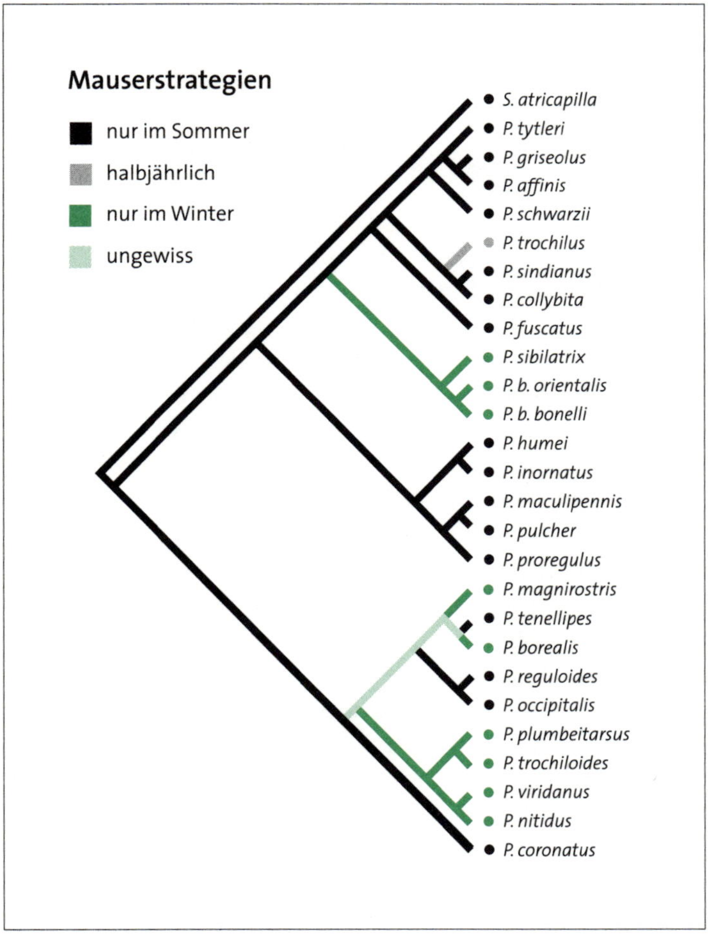

Rekonstruktion der Mauserstrategien bei Singvögeln der Gattung *Phylloscopus* und der Mönchsgrasmücke *Sylvia atricapilla*. Die Merkmale und ihr stammesgeschichtlicher Wandel wurden mit Hilfe des Prinzips der Parsimonie bestimmt. Dieses Prinzip nimmt an, dass in der Stammesgeschichte so wenige Übergänge wie möglich zwischen Merkmalsausprägungen vorkommen.

Es existieren inzwischen zahlreiche Methoden, wie die wahrscheinlichen Merkmalsausprägungen der evolutiven Ahnen rekonstruiert werden können, beispielsweise die Parsimonie.

Ein kurzer Blick in die Zukunft der Soziobiologie

Unterdisziplinen der Biologie unterscheiden sich immer weniger durch die angewendeten Forschungsmethoden, sondern im Wesentlichen durch ihre Fragestellungen. So haben Mathematik, Statistik, physiologische und neurobiologische Methoden schon seit langem eine Heimat in der Sozio- und Verhaltensbiologie gefunden. Mittlerweile ist auch dort das Zeitalter der Genetik angebrochen. Genetische Mechanismen spielen eine zentrale Rolle im Evolutionsgeschehen – und die Evolution von Merkmalen des Sozialverhaltens ist sicherlich keine Ausnahme. Der phänotypische Gambit rechtfertigte bisher eine Nichtbeachtung genetischer Mechanismen, aber im Zeitalter der Genomik wird dieser methodische blinde Fleck immer schwerer zu verteidigen, denn neue molekularbiologische Methoden erlauben zunehmend tiefere Einsichten in die genetischen Komponenten von Verhaltensweisen.

Die Arten, welche von der Soziobiologie mit besonderer Aufmerksamkeit bedacht wurden, viele Vogelarten und Primaten, sind für eine Betrachtung mit klassischen genetischen Methoden meist ungeeignet. Die Taufliege *Drosophila*, der Fadenwurm *Caenorhabditis elegans* und die Maus sind die Lieblingstiere der Molekulargenetiker – aber diese Lebewesen sind eher an das Leben im Labor angepasst als an die Anforderungen der freien Natur. Die Aussagekraft des von diesen Arten gewonnenen verhaltensgenetischen Wissens für evolutiven Wandel unter natürlichen Bedingungen ist daher begrenzt. Vor allem an Insekten arbeitende Verhaltenswissenschaftler können nichtsdestotrotz vom Laborwissen über die Taufliege profitieren, aber auch wer sich für Wirbeltiere und die Genetik ihres Verhaltens interessiert, kann optimistischer in die Zukunft blicken. Genetisches Wissen kann die evolutive Geschichte eines Merkmales erschließen und die Möglichkeiten und Beschränkungen des »genetischen Filters« charakterisieren, der für die Evolution jedes Merkmals bedeutsam ist.

Die so genannte genetische Architektur eines Verhaltensmerkmals, das heißt wie viele Gene ein Merkmal beeinflussen und wie diese Gene untereinander wechselwirken, ist eine erste wichtige Information. Die moderne Genomik hat die Erfüllung dieser Aufgabe ungemein erleichtert und für viele Organismen erst ermöglicht. Eine wichtige Voraussetzung sind detaillierte genetische Karten, welche die Position von zahlreichen genetischen Markern – eindeutigen »Ortsschildern« in der endlosen genetischen Landschaft – aufzeigen. Mit Hilfe dieser Marker lassen sich so genannte »quantitative trait loci« (QTL) auffinden, welche die genetische Architektur eines Merkmals charakterisieren. Diese oder in ihrer Nähe liegende Genabschnitte sind mitverantwortlich für die Variabilität von komplexen, quantitativen Merkmalen – Merkmalen wie beispielsweise die Körpergröße, die jeden möglichen Wert zwischen einem Minimum und einem Maximum annehmen können und die von einer Vielzahl von Genen beeinflusst werden. Die Liste von verhaltensrelevanten QTLs wird tagtäglich länger; aktuelle Beispiele betreffen Gene, die den Paarungsgesang Hawaiianischer Grillen oder das aggressive Verhalten und die elterliche Pflege bei der Hausmaus betreffen.

QTLs sagen jedoch nichts darüber aus, welche tatsächliche Wirkung einzelne Gene haben. Ergänzende Methoden müssen Hinweise auf Genfunktionen geben. So sind Gene und ihre Funktionen oft über Artgrenzen hinweg stabil. Genetische Erkenntnisse einer Art können dann manchmal auf eine andere verwandte Art übertragen werden. Ein Beispiel bieten nordamerikanische Wühlmäuse aus der Gattung *Microtus* und Hausmäuse. Individuen der Art *Microtus ochrogaster* binden sich in stabilen Paaren und pflegen ihren Nachwuchs gemeinsam, während bei *Microtus montanus* keine Paarbindungen eingegangen werden und nur die Weibchen den Nachwuchs pflegen. Dieser soziale Unterschied lässt sich auf einen Unterschied in einem einzigen Gen zurückführen: Im Gen für den Vasopressinrezeptor V1A von *M. ochrogaster* findet sich ein genetisches Element, ein so genannter Mikrosatellit mit einer Länge von 460 genetischen »Buchstaben«, das bei *M. montanus* fehlt. Wird ein Gen mit diesem Element bei Hausmäusen eingesetzt, dann werden auch diese normalerweise einzelgängerischen Tiere weitaus sozialer.

Die Integration von verhaltensgenetischen Studien und feldbasierten Forschungen verspricht die Komplexitäten des Weges von Genen zu beobachtbarem Verhalten durchschaubarer zu machen. Viele Studien, die diesen Weg schon eingeschlagen haben, zeigen jedoch auch, dass Gene alles andere als deterministische, schicksalhafte Faktoren sind. Die Wirkung von Genen hängt oft stark davon ab, in welcher Umwelt ein Organismus sich befindet. Besonders bedeutsam ist die soziale Umwelt von Organismen. Das Verhalten anderer Organismen bildet eine der Evolution unterworfene und daher sich ständig wandelnde Umwelt, die komplexe Wechselwirkungen zwischen Genwirkungen und Lebensbedingungen hervorruft.

SEXUELLE AUSLESE UND FORTPFLANZUNGSSTRATEGIEN

Sobald mindestens zwei Organismen gemeinsam an einer Aktivität teilnehmen, besteht die Möglichkeit von Konflikten. Selbst eine auf den ersten Blick so kooperative Tätigkeit wie die Fortpflanzung, von der beide Partner profitieren, bietet zahllose Gelegenheiten für mehr oder weniger offene Konflikte. Kooperation ist ohne Zweifel wichtig: Die beiden Geschlechter arbeiten zusammen, weil beide jeweils die Hälfte ihrer Gene durch den gemeinsamen Nachwuchs weiterverbreiten. Aber die Wahl des Partners oder der Aufwand bei der elterlichen Pflege sind beispielsweise Bereiche, bei denen es durchaus zu Konflikten kommen kann. Das Ergebnis solcher Konflikte gleicht manchmal eher der Ausbeutung eines Geschlechts durch das andere als friedvoller Kooperation. Die Ursachen für diese potenziell konfliktreichen Koalitionen zwischen den beiden Geschlechtern sind in einem grundlegenden Unterschied zwischen Männchen und Weibchen aufzufinden: der Größe der Fortpflanzungszellen.

Die beiden Geschlechter

Die Evolution der sexuellen Fortpflanzung gilt immer noch als eines der größten Rätsel der Evolutionsbiologie. Welche Erklärung sich auch immer als richtig erweisen wird, die Tatsache bleibt bestehen, dass diese Form der Fortpflanzung von der großen Mehrzahl der vielzelligen Organismen praktiziert wird. Bei aller morphologischen Vielfalt der beiden Geschlechter im Tier- und Pflanzenreich ist ein zentraler Unterschied zwischen Männchen und Weibchen bei höheren Vielzellern universell: Weibchen produzieren wenige, große, unbewegliche und großzügig mit Nährstoffen ausgestattete Keimzellen, während Männchen zahlreiche kleine und bewegliche Zellen herstellen, die nur wenig mehr als das nackte Erbmaterial beinhalten. Dieses Muster wird als Anisogamie bezeichnet. Die Evolution von zwei verschieden großen Keimzellen wurde 1972 mit Hilfe eines spieltheoretischen Modells erklärt. Der ursprüngliche Zustand war Isogamie, das heißt es ist keine Unterscheidung zwischen zwei Geschlechtern möglich. Unter solchen Bedingungen haben Keimzellen, die kleiner als der Durchschnitt sind, einen leichten Auslesevorteil, da sie die großen Keimzellen mit ihren Nährstoffen erfolgreich »parasitieren« können. Darüber hinaus lohnt es sich für Keimzellen allerdings auch, größer zu werden, weil dann die Überlebensfähigkeit des Nachwuchses überproportional steigt. Die evolutionär sta- S. 103

bile Strategie ist die Existenz zweier Keimzellenklassen – einerseits große Zellen, die viel in Nährstoffe investieren, und andererseits kleine bewegliche Zellen.

Die Unterschiede in der Größe der Keimzellen ziehen weitreichende Unterschiede nach sich: Weibchen belassen es meist nicht bei größeren Investitionen in Keimzellen, sie setzen auch meist weit mehr Zeit und Energie bei der Pflege des Nachwuchses ein als Männchen. Männchen können sich aufgrund der Unterschiede bei elterlichen Investitionen potenziell viel schneller fortpflanzen als Weibchen. Männchen können ihren Fortpflanzungserfolg maximieren, indem sie mit so vielen Weibchen wie möglich Nachwuchs haben. Weibchen sind in dieser Hinsicht begrenzt durch die Zeit, die benötigt wird, den Nachwuchs zu produzieren und zu pflegen. Wenn ein Geschlecht weitaus mehr in die Fortpflanzung investiert als das andere, dann werden die Mitglieder des »geizigen« Geschlechts um Zugang zu dem anderen Geschlecht konkurrieren und das großzügige Geschlecht wird wählerisch bei der Auswahl von Partnern sein. Damit ist die Grundlage für sexuelle Auslese gelegt.

Wenn aber ein Männchen zahlreiche Weibchen zu befruchten vermag, warum wird dann im Nachwuchs nicht ein Männchen auf beispielsweise 30 Weibchen produziert? Das in der Natur beobachtete Geschlechtsverhältnis liegt meist nahe 1:1. Ronald A. Fisher erkannte schon 1930 in seinem bahnbrechenden Werk *The Mathematical Theory of Natural Selection*, dass dieses Geschlechtsverhältnis mit Auslese auf der Ebene des Individuums erklärt werden kann. Angenommen eine Population enthält ein Männchen auf dreißig Weibchen. Ein Männchen befruchtet daher im Durchschnitt dreißig Weibchen und hat einen somit dreißigmal höheren Fortpflanzungserfolg als jedes Weibchen – jeder sexuell erzeugte Nachwuchs hat notwendigerweise einen Vater und eine Mutter und die seltenen Väter können viel Nachwuchs produzieren. In einer solchen Situation lohnt es sich also Söhne zu produzieren, da über diesen Weg mehr Enkel in der übernächsten Generation erwartet werden können. In den folgenden Generationen wird sich das Geschlechtsverhältnis daher langsam dem evolutionär stabilen Verhältnis von 1:1 annähern. Ist dieses Verhältnis erreicht, wird über die Produktion von Söhnen und Töchtern die gleiche »Fitnessrendite« erreicht. Als generelle Regel gilt, dass es sich bei einer Abweichung von diesem stabilen Verhältnis immer lohnt, das seltenere Geschlecht zu produzieren, da es automatisch einen Auslesevorteil hat. Es handelt sich um einen klassischen Fall frequenzabhängiger Auslese mit einem Geschlechtsverhältnis von 1:1 als evolutionär stabile Strategie (ESS).

Sexuelle Auslese

Die Tatsachen, dass Weibchen meist weitaus mehr Zeit und Energie in die Fortpflanzung investieren als Männchen, diese daher eine potenziell höhere Fortpflanzungsrate haben als Weibchen und das evolutionär stabile Geschlechtsverhältnis 1:1 beträgt, sorgen dafür, dass der Fortpflanzungserfolg von Männchen mit der Anzahl der Paarungen stetig steigt, während die Fruchtbarkeit von Weibchen nicht von der Anzahl der Partner abhängt.

Männchen müssen folglich um sexuellen Zugang zu Weibchen konkurrieren, und im Gegenzug lohnt es sich für Weibchen, bei der Partnersuche wählerisch zu sein. Ohne von diesen modernen Argumenten wissen zu können, erkannte allerdings schon Charles Darwin die Bedeutung sexueller Konkurrenz und Wahl. In seinem Werk *The Descent of Man* (1871, deutsch: *Die Abstammung des Menschen*, 1872) stellte Darwin die Fragen, warum die beiden Geschlechter sich in ihrem Aussehen oft so deutlich unterscheiden, dass Männchen und Weibchen manchmal zwei verschiedenen Arten zugerechnet wurden, und vor allem warum Männchen im Tierreich meist auffälliger geschmückt sind als Weibchen. Darwin betrachtete dabei vor allem geschlechtsspezifische Merkmale, die nicht direkt bei der Fort-

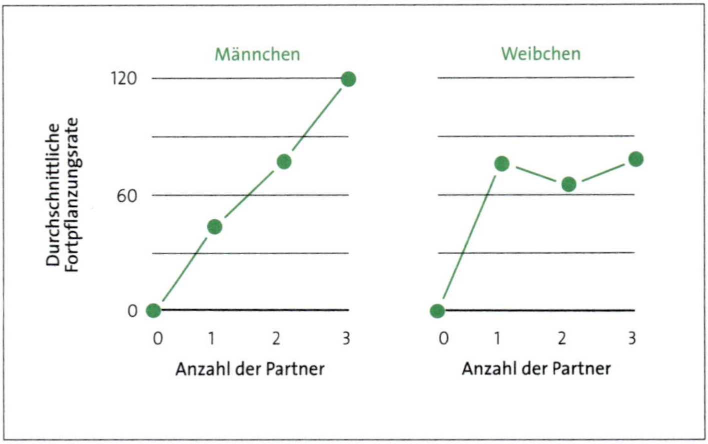

Angus Batemans experimentelle Demonstration, dass der Fortpflanzungserfolg von *Drosophila*-Männchen stetig mit der Zahl der Partner steigt, während Weibchen nicht ihren Erfolg steigern können, indem sie sich mit mehreren Männchen paaren.

pflanzung eingesetzt werden, so genannte sekundäre sexuelle Merkmale, zum Beispiel die Geweihe von Hirschen oder die extravaganten Schwanzfedern des männlichen Pfaus.

Darwin führte in der Abstammung des Menschen eine Unterscheidung von natürlicher und sexueller Auslese ein, um die Ausprägung sekundärer Geschlechtsmerkmale wie Geweihe und Ornamente zu erklären. Solche sexuell ausgelesene Merkmale dienen gemäß dieser Unterscheidung der Sicherung von Fortpflanzungspartnern und nicht dem Überleben. Diese Merkmale können sogar dem Überleben hinderlich sein – moderne vergleichende Betrachtungen zeigen deutlich, dass Männchen eine umso höhere Sterblichkeit haben, je größer die gestaltlichen Unterschiede zu Weibchen sind. Die sekundären sexuellen Merkmale von Männchen lassen sich nach ihrer Funktion klassifizieren: Merkmale wie Geweihe oder Hörner dienen der Konkurrenz mit anderen Männchen, während Merk-

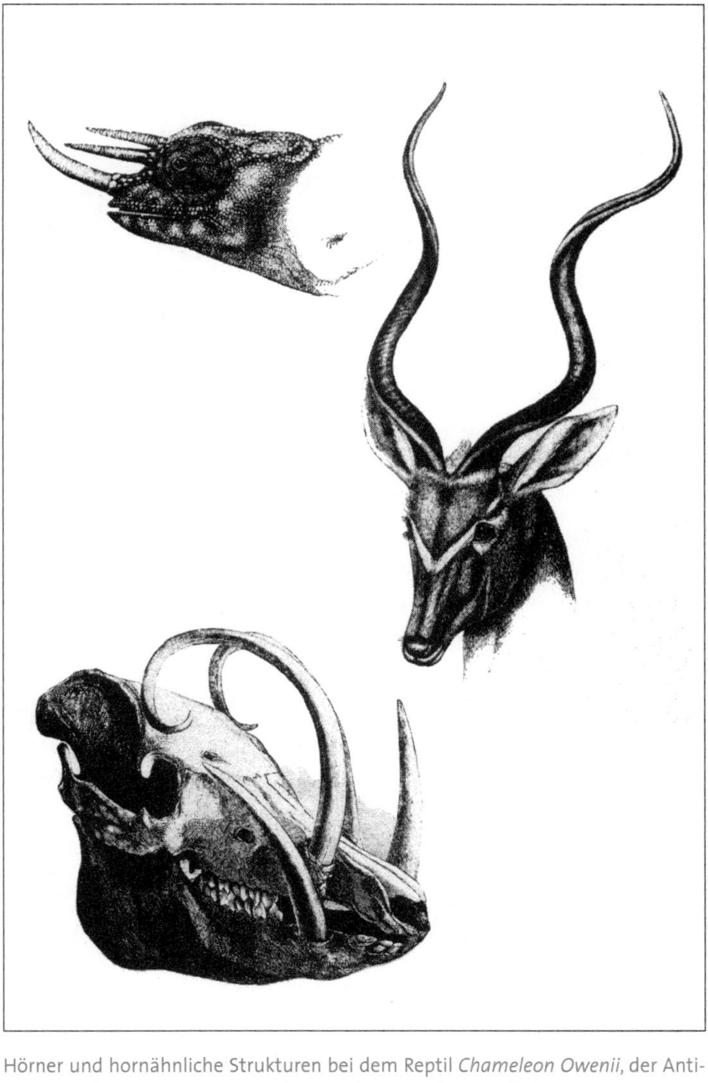

Hörner und hornähnliche Strukturen bei dem Reptil *Chameleon Owenii*, der Antilope *Tragelaphus strepsiceros* und dem Schwein *Babyrousa babyrussa*.

male wie der Gesang von Vögeln oder das Rad des Pfaus die Partnerwahl der Weibchen beeinflusst.

Hörner, Geweihe, Stoßzähne und Sporne sind einige Beispiele für Strukturen, die Darwin zu seiner Theorie der sexuellen Auslese motivierten. Hörner kommen bei Käfern, Reptilien und Huftieren, Stoßzähne bei einigen Säugetieren und Sporne bei Vögeln – vor allem bei den Fasanartigen – und Insekten vor. Die heftigsten Kämpfe geschehen, wenn die Weibchen – oft nur sehr kurze Zeit – empfängnisbereit sind. Männchen konkurrieren direkt um die Weibchen oder um Ressourcen, welche von den Weibchen benötigt werden – beispielsweise Habitate, die genügend Nahrung und Sicherheit vor Raubfeinden bieten. Sobald ein Männchen einen Partner gefunden hat, werden die Weibchen bewacht und verteidigt. Waffen wie Hörner und Geweihe könnten natürlich auch für die Abwehr von Räubern nützlich sein und nicht hauptsächlich bei Kämpfen mit Männchen der gleichen Art eingesetzt werden. Einige Beobachtungen sprechen jedoch gegen die Vermutung, die Abwehr von Räubern sei die wichtigste Funktion dieser Strukturen. So nutzen Rentiere nicht ihre Geweihe zur Abwehr von Räubern, sondern sie treten zu. Viele Hirsche werfen ihr Geweih im Winter ab – genau zu einem Zeitpunkt, wenn eine Vielzahl hungriger Raubtiere die Wälder durchstreifen. Werden jedoch die Geweihe von Rentieren oder Hirschen entfernt, so nimmt der Dominanzstatus dieser Tiere in der Gruppe ab und sie verlieren Fortpflanzungsmöglichkeiten. Bei vielen Hirschen sind die Geweihe außerordentlich groß und verzweigt. Wenn es nur darum ginge, Raubfeinde abzuwehren, würde eine einfachere Gestaltung genügen. Bei diesen Hirschen werden die Geweihe jedoch auch als schützende »Schilde« gegen die Geweihe von Konkurrenten um Weibchen benutzt und dienen außerdem dazu, diese Gegner zu fassen und niederzuringen.

Die Kämpfe von Männchen sind oft ritualisiert, das heißt die »bewaffneten« Gegner begutachten sich gegenseitig und prüfen in kurzen Auseinandersetzungen ihre relative Stärke, bevor das schwächere dem stärkeren Männchen den Platz überlässt. Eine solche Ritualisierung hat evolutive Vorteile, da unnötige Kämpfe vermieden werden, bei denen beide Teilnehmer ernsthafte Verletzungen erleiden können. Hirsche nutzen ein ausgeklügeltes Ritual bei Kämpfen: Zuerst röhren ein Harembesitzer und sein Herausforderer sich gegenseitig an. Falls der Herausforderer mithalten kann, nähern sich die beiden Kontrahenten und laufen demonstrativ nebeneinander her – wahrscheinlich können sie auf diese Weise besser ihre relative Stärke einschätzen. Die meisten Auseinandersetzungen enden in diesem Stadium, aber wenn die beiden Hirsche sich gegenseitig als etwa gleich stark einschätzen, beginnt ein Kampf mit Geweihen. Eine solche Eskalation ist recht selten, aber nichtsdestotrotz erleiden 20 – 30 Prozent aller männlichen Hirsche im Laufe ihres Lebens ernste Verletzungen als Folge solcher Kämpfe.

Die männliche Konkurrenz um Weibchen nimmt aber gelegentlich weitaus subtilere Formen an als offene Kämpfe »bewaffneter« Rivalen. Vor allem wirbellose Tiere bieten zahlreiche Beispiele. So paaren sich weibliche Libellen mit zahlreichen Männchen und speichern deren Spermien für ihren späteren Gebrauch in einem Sack, der Spermatheka. Männchen versuchen allerdings zu verhindern, dass die Spermien früherer Partner genutzt werden. Der Penis von Männchen der Libellenart *Orthetrum cancellatum* ist mit einer stachelbesetzten »Peitsche« ausgestattet, mit der das Sperma der Konkurrenten aus dem Spermiensack entfernt wird. Diese **Spermienkonkurrenz** ist im S. 106
Tierreich weit verbreitet.

Andere als in direkten Auseinandersetzungen zwischen Männchen genutzte sekundäre Geschlechtsmerkmale stellen Verhaltensbiologen vor beträchtliche Schwierigkeiten. Auf welche Weise sichert das Pfauenrad seinem Träger Fortpflanzungsmöglichkeiten? Es spielt mit Sicherheit keine Rolle als Waffe in Auseinandersetzungen mit anderen Männchen. Vielleicht sollen solche Merkmale die Weibchen

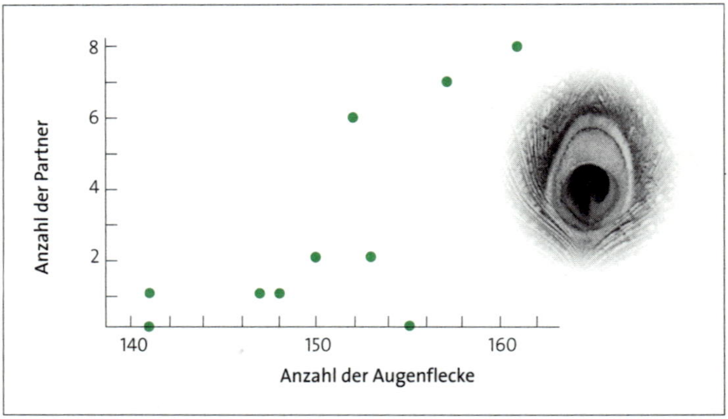

Der Paarungserfolg von männlichen Pfauen steigt mit der Anzahl der Augenflecke im Rad.

beeindrucken? Warum sollten sich aber Weibchen für solch übertriebenen, möglicherweise noch nicht einmal dem Überleben des Männchens förderlichen Schmuck interessieren? Darwin vermutete, dass willkürliche ästhetische Vorlieben von Weibchen die Evolution dieser männlichen Merkmale steuern. Die prominente Rolle der Weibchen war vielen Zeitgenossen Darwins nicht geheuer. Hatten Weibchen tatsächlich die Fähigkeit, kleinste Unterschiede bei der Schwanzlänge von Schwalbenmännchen oder der Anzahl von Augen im Rad des Pfauen wahrzunehmen? Alfred Russel Wallace (1823–1913), der unabhängig von Darwin eine Theorie der natürlichen Auslese aufstellte, weigerte sich anzuerkennen, dass Tiere ein dem Menschen ähnliches ästhetisches Empfinden haben können. Die Evolutionsbiologen des 20. Jahrhunderts, die an der Synthese von Naturgeschichte, Paläontologie, Systematik, Biogeographie und Genetik arbeiteten, interessierten sich nur am Rande für sexuelle Auslese: Extravagante Ornamente wurden meist als Mittel der Arterkennung bei der Fortpflanzung gedeutet. Obwohl tatsächlich nicht alle Unterschiede zwischen den beiden Geschlechtern sexuell ausgelesen sind – manche Unterschiede, wie etwa bei der Schnabelform von männlichen und weiblichen Vögeln, können Folge unterschiedlicher Ernährungsweisen sein –, hat sich die Wahrnehmung in den vergangenen zwei Jahrzehnten grundlegend geändert: Weibchenwahl und die Folgen wurde zu einem wahren Modethema. Manche Präferenzen von Weibchen sind nicht schwer zu erklären: Sie erhalten bei der Paarung mit bestimmten Männchen einen direkten Nutzen, wenn etwa das Männchen an der elterlichen Pflege teilnimmt oder der streitbare Besitzer eines Territoriums mit üppigen Nahrungsquellen ist. Bei vielen Arten steuern Männchen aber nicht mehr als Spermien zur Fortpflanzung bei und trotzdem sind Weibchen wählerisch. Zwei Hypothesen zur Evolution extravaganter männlicher Merkmale unter solchen Umständen konnten sich als Favoriten herausformen.

Ein extravagantes Rad nutzt dem Pfau – je mehr Augen auf dem Rad Platz finden, desto mehr Partner kann ein Männchen erwarten. Ronald A. Fisher schlug schon 1915 einen Mechanismus vor, wie solche extravaganten Merkmale entstehen können, aber erst mehr als fünfzig Jahre später wurde deutlich, dass dieser Mechanismus tatsächlich populationsgenetisch funktionieren kann. Fisher betrachtete einen zweistufigen Prozess. Angenommen, männliche Vögel einer Art sind genetisch variabel für ein bestimmtes Merkmal, beispielsweise die Länge der Schwanzfedern. Längere Schwanzfedern bringen gewisse Vorteile, wie eine bessere Beweglichkeit, die bei der Flucht vor Räubern hilfreich sein mag. Zeigen die Weibchen eine genetisch variable Vorliebe für Männchen mit verschieden langen Schwanzfedern, dann vermag der Fisher-Prozess sein Werk zu verrichten. Weibchen, die eine Vorliebe für Männchen mit langen Federn haben, gebären Söhne mit einer hohen Überlebenswahrscheinlichkeit. Gleichzeitig werden die Genversionen für lange Schwanzfedern und die Genversionen, die eine Vorliebe für dieses Merkmal bestimmen, gekoppelt und treten daher im Nachwuchs gemeinsam auf: Söhne haben das bevorzugte Merkmal und in ihren Genen auch die Vorliebe für das Merkmal, das jedoch nicht bei ihnen, sondern nur bei Töchtern ausgeformt wird – bei Weibchen verhält es sich umgekehrt. Nun kann die zweite Stufe des Fisher-Prozesses einsetzen. Wenn die Vorliebe für das Merkmal sich in der Population ausbreitet, nimmt die Bedeutung der besseren Überlebensfähigkeit mehr und mehr ab. Männchen mit langen Schwanzfedern sind jetzt erfolgreich, weil sie viele Partner haben, nicht weil sie besser vor Räubern fliehen können. Solange Weibchen Vorlieben für eine immer extremere Merkmalsausprägung zeigen, steht einer extravaganten Ausführung des Merkmals nichts mehr im Wege – allerdings nur bis der Paarungserfolg durch die unvermeidlich irgendwann auftretenden Kosten des übertriebenen Merkmals aufgewogen wird.

Die zweite bedeutende Vermutung zur Evolution von Ornamenten beruht auf der Idee eines Indikator-Mechanismus: Weibchen wählen Männchen mit extravaganten Ornamenten, deren Ausprägung die erbliche Qualität des Männchens signalisiert.

Fisher deutete schon 1915 einen solchen Mechanismus an, aber erst 1966 machte George C. Williams wieder auf diese Idee aufmerksam. Einige Jahre danach formulierte der israelische Biologe Amotz Zahavi das inzwischen notorische »Handikap-Prinzip« als einen direkten Konkurrenten zum oben beschriebenen Fisher-Prozess: Ein Handikap ist nach Zahavi ein Merkmal, das die Überlebensfähigkeit seines Trägers einschränkt. Nur Männchen hoher Qualität können es sich erlauben, sich mit einem besonders extravagant gestalteten Ornament, wie etwa ein feuerroter Kamm eines Hahns, zu schmükken. Wenn Männchen ein besonders großzügig gestaltetes Ornament besitzen, zeigen sie damit an, dass sie die energetischen Kosten bezahlen können, das teure Ornament zu entwickeln und beizubehalten, und dass sie erfolgreich Raubfeinden entfliehen können. Ornamente sind damit **ehrliche Signale** – großzügig gestaltete Ornamente können nicht von Männchen niedriger Qualität kopiert

S. 110

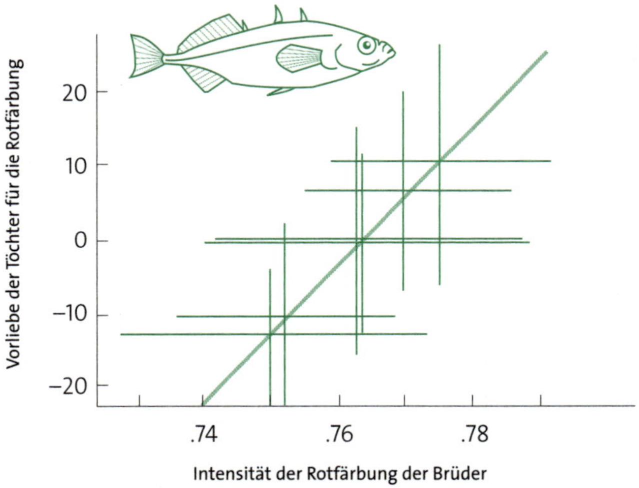

Stichlinge unterstützen einen Aspekt der Fisher-Hypothese: die Vorliebe von Töchtern für die Intensität der roten Körperfärbung bei Männchen korreliert mit der Intensität des Rot bei ihren Brüdern. Diese Daten zeigen, dass die genetischen Grundlagen von männlicher Färbung und der weiblichen Vorliebe gekoppelt sind.

werden, da diese nicht in der Lage sind, die Kosten zu bezahlen. Diese Männchen müssen sich damit begnügen, mit bescheideneren Versionen der Ornamente zu werben oder ganz auf Schmuck zu verzichten. Zahlreiche Beobachtungen unterstützten zunächst die Vermutung, dass Ornamente sich im Verhältnis zum Zustand des Männchens entwickeln. Bei Guppies und vielen Vogelarten basieren manche bei der Weibchenwahl bedeutsame farbige Ornamente auf Carotenoiden, die aus der Nahrung aufgenommen werden. Auch die Länge der Schwanzfedern bei Rauchschwalben hängt vom Zustand des Männchens ab. Allerdings kann ein Indikator-Mechanismus nur wirksam sein, wenn der Zustand des Männchens erblich ist, was zu einem ernsten Problem führt: Ein grundlegendes, von Ronald A. Fisher aufgestelltes Theorem der Evolutionsgenetik besagt nämlich, dass fitnessbestimmende Merkmale bei einem evolutionären Gleichgewicht, das heißt, wenn kein zeitlicher Wandel in der Population geschieht, nicht erblich sind – ist ein derart wichtiges Merkmal genetisch variabel, wirkt die Auslese schnell, bringt das Merkmal rasch zum Optimum und hat dabei alle genetische Variabilität erschöpft. Alle beobachtbare Variabilität bei männlichen Ornamenten sollte daher ausschließlich umweltbedingt sein. Weibchen können dann zwar immer noch attraktive Männchen wählen, aber dies hat keinen Einfluss auf die Qualität ihres Nachwuchses.

Zahavis zunächst umstrittene und unter anderem aus dem obigen Grund als genetisch unplausibel betrachtete Hypothese fand 1982 jedoch Unterstützung von William D. Hamilton und Marlene Zuk. Die beiden Wissenschaftler vermuteten, dass wichtige fitnessbestimmende Merkmale möglicherweise nie ein evolutionäres Gleichgewicht erreichen. So sei beispielsweise die Widerstandskraft gegen Parasiten eine wichtige sich in der Ausprägung von männlichen Ornamenten widerspiegelnde Eigenschaft. Und da Parasiten und ihre Wirte in ein endloses genetisches »Wettrüsten« verwickelt sind
S. 103 (siehe auch **Die Evolution der Sexualität**), sollte sich auch immer genügend genetische Variabilität finden. Wenn Weibchen Partner mit einem gepflegten und ausdrucksstarken Ornament wählen, können sie sicher sein, dass ihre Nachkommen ebenfalls verhältnismäßig widerstandsfähig gegen Parasiten sein werden. Bei Guppies, dem Fasan und der Rauchschwalbe konnten bisher im Detail mehrere Faktoren nachgewiesen werden, welche die Hamilton-Zuk-Hypothese unterstützen: Bei Männchen dieser Arten verringert eine hohe Parasitenlast die Überlebensfähigkeit und gleichzeitig den Entwicklungsgrad des sexuellen Ornamentes. Die Widerstandskraft gegen Parasiten ist erblich, und Weibchen bevorzugen Männchen mit ausgeprägtem Schmuck – und damit Männchen mit einer geringen Parasitenlast.

»Es tut mir leid, Roger...«

In den vergangenen Jahren vermochte neben dem Fisher-Prozess und dem Handikap-Prinzip eine dritte Hypothese Aufmerksamkeit auf sich zu ziehen: die so genannte »sensorische Ausbeutung«. Diese Hypothese besagt, dass sexuelles Werbeverhalten visuelle, auditorische oder andere sensorische Vorlieben von Weibchen ausnutzt, die sich in einem völlig anderen Zusammenhang entwickelt haben. Wassermilben lokalisieren beispielsweise ihre Beute, indem sie Schwingungen der Wasseroberfläche wahrnehmen. Männchen kopieren diese Schwingungen und locken damit Weibchen an. In der Fischgattung *Xipophorus* kommen Arten vor, bei denen Männchen schwertförmig verlängerte Schwanzflossen haben. Die Weibchen dieser Arten zeigen eine starke Vorliebe für Paarungen mit Männchen, die lange Schwanzflossen tragen. Werden jedoch bei *Xipophorus*-Arten, die keine Schwertflossen aufweisen, die Flossen von Männchen künstlich verlängert, so zeigen erstaunlicherweise auch die Weibchen dieser Arten eine starke Vorliebe für das künstliche Merkmal. Weibchen beider Artengruppen hatten allem Anschein nach eine sensorische Vorliebe für ein derartiges Merkmal, bevor es in der Stammesgeschichte tatsächlich auftauchte.

Theorien zur Männchenkonkurrenz und Weibchenwahl bilden ein Fundament der Soziobiologie. Seit einigen Jahren gibt es aber verstärkt **Kontroversen um die sexuelle Auslese**, in denen dieses Fundament grundsätzlich in Frage gestellt wird. S. 112

Paarungssysteme und elterliche Pflege

Das viktorianische England wird gemeinhin als eine recht prüde Epoche beurteilt. Naturkundler dieser Zeit interessierten sich jedoch überraschenderweise sehr dafür, Tiere bei Paarungen zu beobachten. Aber vielleicht wollten die Naturkundler damit nicht gesellschaftlichen Beschränkungen entkommen, sondern ganz im Gegenteil nur Bestätigung für ihre strikten Werte finden: Singvögel wurden beispielsweise damals als völlig der Einehe ergebene moralische Vorbilder gerühmt. In den vergangenen Jahrzehnten hat sich das Bild vom Sexualverhalten der Singvögel grundlegend gewandelt: Für zeitgenössische Sexualmoralisten hält das nicht gänzlich abenteuerfreie, manchmal sogar bizarre Sexualleben der Vögel einige Über-

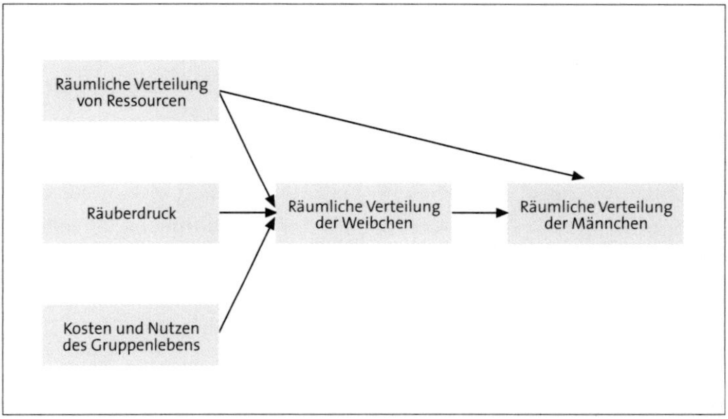

Schematische Darstellung der Paarungssystem-Theorie von Emlen und Oring

raschungen bereit. So ist beispielsweise die unauffällige, in Europa weitverbreitete Heckenbraunelle (*Prunella modularis*) einer der schlimmsten »Sünder«. In manchen Territorien leben ein Männchen und ein Weibchen in treuer Einehe zusammen, nebenan können sich aber möglicherweise zwei Weibchen ein Männchen teilen oder aber zwei Männchen ein Weibchen. Ab und zu geschieht es auch, dass zwei Männchen sich ein Territorium mit drei Weibchen teilen. Innerhalb einer Art kommt damit eine erstaunliche Vielfalt an Paarungssystemen vor.

Unter dem Begriff Paarungssystem werden gemeinhin Verhaltensweisen zusammengefasst, die mit dem Erwerb von Fortpflanzungspartnern zu tun haben. Besondere Aufmerksamkeit gilt vor allem der Anzahl der Partner, aber auch Formen der Partnerwerbung, Konflikten innerhalb und zwischen den Geschlechtern und Mitteln, die sich zur Partnerwerbung und -bindung nutzen lassen. Die Theorie zu Paarungssystemen, wie sie 1977 von den beiden amerikanischen Biologen Stephen Emlen und Lewis Oring in einer mittlerweile klassischen Arbeit der Soziobiologie formuliert wurde, beruht auf der Verbindung ökologischer Faktoren mit dem Wirken der sexuellen Auslese. Da Weibchen viel Zeit und Energie in die Fortpflanzung stecken, suchen sie sich Lebensräume, die ausreichend Nahrung und genügend Schutz vor Räubern bieten. Ein Paarungssystem wird dadurch bestimmt, ob ein Männchen unter diesen Umständen einzelne Weibchen oder gar Gruppen von Weibchen für sich monopolisieren kann. Kurz gefasst: Ressourcen bestimmen die räumliche Verteilung von Weibchen und diese bestimmt wiederum die räumliche Verteilung von Männchen, die allerdings auch von der Ressourcenverteilung beeinflusst wird.

Darüber hinaus sind Unterschiede bei Paarungssystemen oft mit Unterschieden bei der elterlichen Fürsorge verbunden. Ein Männchen könnte theoretisch seinen Fortpflanzungserfolg dadurch maximieren, dass es so viele Weibchen wie möglich befruchtet und die elterliche Pflege ausschließlich den Müttern überlässt. Weibchen sollten hingegen den Nachwuchs in der Pflege des Männchens belassen und alle verfügbare Energie und Zeit in die Formung neuer Eier stecken. Beobachtbare Paarungssysteme sind ein durch ökologische Faktoren vermittelter Kompromiss zwischen diesen gegenläufigen Interessen.

In einem monogamen Paarungssystem hat keines der beiden Geschlechter die Möglichkeit, während einer Fortpflanzungsperiode zu mehr als einem Fortpflanzungspartner Zugang zu finden; oft kümmern sich beide Eltern um den Nachwuchs. Es existieren drei Formen der Polygamie: Bei der Polygynie kann sich ein Männchen im Verlauf der Brutsaison ausschließlichen Zugang zu mehreren Weibchen sichern, während bei der Polyandrie ein Weibchen mehrere Männchen als Sexual- und Sozialpartner hat; im ersten Fall bleibt die Pflege des Nachwuchses meist Aufgabe der Weibchen, im zweiten Fall Aufgabe der Männchen. Die Polygynandrie vereint mindestens zwei Männchen und zwei Weibchen in einer Fortpflanzungsgemeinschaft und alle Partner sorgen mehr oder weniger für den Nachwuchs. Bei der

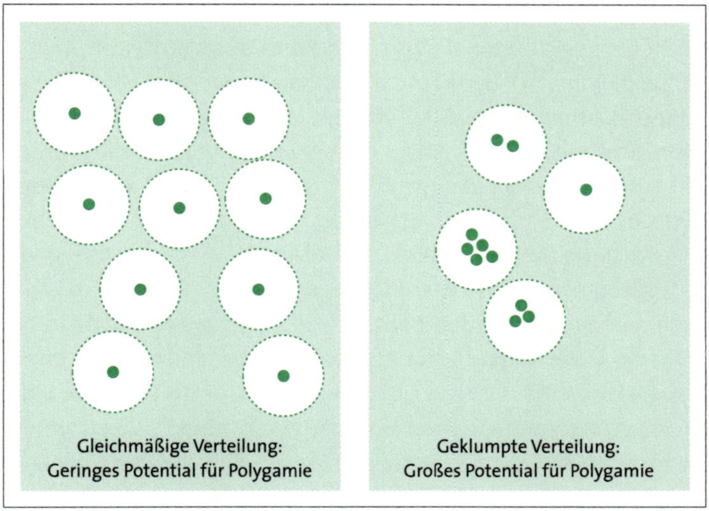

Wenn Ressourcen oder Partner in einer geklumpten Verteilung vorkommen, besteht die Möglichkeit der Monopolisierung, während bei einer gleichmäßigen Verteilung eine solche Monopolisierung mehrerer Ressourcenvorkommen oder Partner nicht effizient ist.

Promiskuität haben beide Geschlechter zahlreiche Partner und keine auch noch so kurzen Paarbindungen werden eingegangen.

Die räumliche Verteilung von Partnern ist, wie schon erwähnt, ein wichtiger Faktor bei der Ausbildung von Paarungssystemen. Wenn Partner oder Ressourcen räumlich gleichmäßig verteilt sind, dann besteht nur wenig Gelegenheit, mehr als nur einen Partner zu finden und gegen Konkurrenten zu verteidigen. Eine Umwelt, in der potenzielle Partner oder Ressourcen geklumpt sind, eröffnet hingegen die Möglichkeit, mehrere Partner zu monopolisieren.

Neben der räumlichen spielt aber auch die zeitliche Verfügbarkeit von Partnern eine bedeutsame Rolle. Die zeitliche Verfügbarkeit wird mit dem so genannten operationellen Geschlechtsverhältnis charakterisiert. Diese Zahl beschreibt das Verhältnis der Anzahl rezeptiver

Weibchen zur Anzahl der sexuell aktiven Männchen. Wenn alle Weibchen gleichzeitig aktiv sind und das Geschlechtsverhältnis in der Population 1:1 beträgt, dann ist auch das operationelle Geschlechtsverhältnis 1:1. Unter solchen Umständen kann ein Männchen nicht mit mehr als einem Partner rechnen. Sobald die Paarung mit einer Partnerin abgeschlossen ist, haben auch alle anderen Weibchen ihre Fortpflanzung beendet und sind nicht mehr rezeptiv. Die Synchronizität der weiblichen Rezeptivität ist also ein gutes Mittel, ein monogames Paarungssystem zu erzwingen. Wenn Weibchen allerdings nach und nach sexuell rezeptiv werden, dann besteht ein großes Potential für Polygynie – je weiter das operationelle Geschlechtsverhältnis vom Wert 1:1 abweicht, desto größer sind die Chancen, mehrere Fortpflanzungspartner zu finden. Zwei Amphibienarten bieten eine gute Illustration für die Bedeutung der Synchronizität. Weibchen der Kröte *Bufo bufo* legen alle ihre Eier innerhalb von zwei Wochen. Männchen gelingt es meist nur, sich mit einem einzigen Weibchen zu paaren. Der Ochsenfrosch *Rana catesbeiana* hat hingegen eine ausgedehnte Brutsaison. Weibchen kommen im Verlauf von einigen Wochen zu Teichen und Männchen, welche die attraktivsten Eiablageplätze zu verteidigen wissen. Sie können sich mit bis zu sechs Weibchen paaren.

Welches Paarungssystem sich entwickelt, hängt jedoch nicht nur davon ab, ob Männchen einen oder mehrere Partner monopolisieren können, sondern auch von den Kosten, die entstehen, wenn ein Partner den Nachwuchs und den anderen Partner verlässt. Bei Gibbons, Präriewühlmäusen oder manchen Schakalarten pflegen beide Eltern den Nachwuchs und verteidigen ein Territorium – dort herrscht eine obligatorische Monogamie. Doch im Allgemeinen wird bei Säugetieren männliche Hilfe bei der Jungenfürsorge nicht benötigt. Ökologische Faktoren und die daraus folgende räumliche Verteilung der Weibchen bestimmen dann das Paarungssystem. Die Männchen mancher Wühlmausarten können entweder eines oder mehrere Ter-

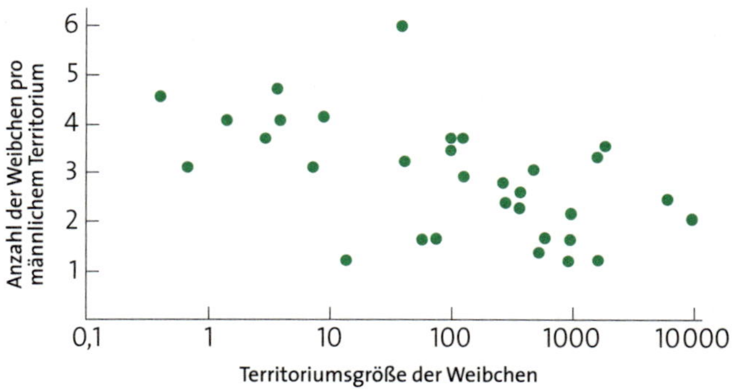

Bei Eidechsen können Männchen umso mehr Weibchen monopolisieren, je kleiner das von den Weibchen genutzte Territorium ist.

ritorien von Weibchen verteidigen – Monogamie und Polygynie sind also die möglichen Ergebnisse. Bei Languren bilden Weibchen soziale Gruppen, die sich in einem begrenzten Areal bewegen. Einzelne Männchen können sich exklusiven Zugang zu diesen Arealen sichern und sich mit mehreren Weibchen paaren. Bei Löwen und Schimpansen verteidigen mehrere, in einer Dominanzhierarchie organisierte Männchen ein solches Areal. Die Weibchen von Rothirschen bilden kleine, stabile soziale Gruppen, die kein festes Territorium besetzen. Einzelne Männchen verteidigen also die Gruppe direkt als Harem. Bei manchen Pavian- und Buffaloarten müssen sich mehrere Männchen diese Aufgabe teilen. Polyandrie ist unter Säugetieren sehr selten. Ein Beispiel sind afrikanische Wildhunde: Mehrere Männchen verteidigen bei dieser Art das Territorium eines Weibchens.

Die Paarungssysteme von Vögeln illustrieren hingegen gut die Bedeutung der elterlichen Pflege. Die von den Männchen beigetragene Pflege stellt eine Ressource dar, welche die räumliche Verteilung der Weibchen zu beeinflussen vermag. Monogamie ist das vorherrschende Paarungssystem der Vögel – ungefähr 90 Prozent aller Vogelarten sind monogam. Viele Seevögel, Limikolen und Schwäne können nur erfolgreich ihren Nachwuchs aufziehen, wenn beide Partner die Küken versorgen und beschützen. Singvögel bilden meist feste Paare während der Brutsaison, aber der Verlust eines Partners kann meist ohne allzu große Probleme verkraftet werden – die Hilfe des Männchens bei der Brutpflege ist wichtig, aber nicht essenziell. Das seltene Vorkommen von Polygynie bei Singvögeln beruht wahrscheinlich nur auf mangelnder Gelegenheit, nicht auf der prinzipiellen Treue der Männchen. Die meisten anderen Weibchen sind ebenfalls gepaart und eine Suche nach einem neuen Partner ist wahrscheinlich nur wenig erfolgversprechend. Männliche Vögel können in manchen Fällen mehrere Partner monopolisieren, wenn sie wichtige Ressourcen kontrollieren. Kommen beispielsweise geeignete Nistplätze nur in einer sehr geklumpten Verteilung vor, kann ein Männchen mehrere Nester monopolisieren. Polygynie kann aber auch auf Initiative der Weibchen geschehen: Nicht alle Territorien haben die gleiche Qualität,und ein Weibchen kann ein Männchen mit einem schlechten Territorium verlassen und sich einem Paar auf einem besseren Territorium anschließen – dies ist das Polygynie-Schwellen-Modell von Gordon Orians. Hier ist der männliche, von einem guten Territorium unterstützte Beitrag zur elterlichen Pflege eine vom Weibchen nachgefragte Ressource. Polygynie kann aber auch vorkommen, wenn weder Ressourcen noch Gruppen von Weibchen verteidigt werden. Das beste Beispiel dafür sind die so genannten **Leks** (abgeleitet aus dem schwedischen *leka* = spielen). S. 114

Polyandrie ist auch bei Vögeln selten. Weibliche Jacanas und der Drosseluferläufer verteidigen ein großes Territorium, innerhalb dessen mehrere Männchen wiederum ein jeweils kleines Territorium mit eigenem Nest verteidigen. Nur die Männchen sorgen für die Jungen. Die Heckenbraunelle hat, wie oben schon dargestellt, ein sehr variables Paarungssystem. Weibchen haben den größten Fortpflanzungserfolg mit zwei Männchen, also mit Polyandrie. Wenn beide Männchen Nachwuchs im Nest haben, dann helfen auch beide bei der Pflege. Weibchen haben einen geringeren Erfolg mit Monogamie und noch weniger Erfolg mit Polygynie. Männchen profitieren am meisten von Polygynie und Monogamie. Welches Paarungssystem verwirklicht wird, hängt von der Konkurrenzfähigkeit der Individuen und den Wahlmöglichkeiten ab – wenn beispielsweise die ökologischen Bedingungen so gut sind, dass jedes Männchen ein gutes Territorium verteidigen kann, dann sollte nahezu ausschließlich Monogamie vorkommen. In einer variablen Landschaft können nahezu alle Paarungssysteme verwirklicht werden.

Diese klassische Betrachtungsweise Emlens und Orings bildet immer noch einen wichtigen Deutungsrahmen, aber in den vergangenen Jahren wurde diese Theorie mehrfach von aufschlussreichen Beobachtungen herausgefordert. So werden beispielsweise in der klassischen Theorie die aktive Rolle der Weibchen in Paarungssystemen unterschätzt und die Geschlechtsrollen zu sehr als festgelegt und inflexibel betrachtet. Eine Verbindung der beiden Theorien der sexuellen Auslese und der Paarungssysteme sagt voraus, dass Weibchen kein Interesse haben sollten, sich mit mehr als einem Männchen zu paaren. Vögel scheinen mit ihrer offensichtlichen Vorliebe für Monogamie dieser Erwartung zu entsprechen. Doch die Nutzung molekularbiologischer Methoden in der Soziobiologie seit den achtziger Jahren, so vor allem der Einsatz von genetischen Fingerabdrükken als Vaterschaftstest, hat ein völlig neues Bild entstehen lassen: »monogame« Vogelweibchen haben neben ihrem sozialen Partner, auf dessen Territorium sie brüten und der sich an der Pflege der Nachkommen beteiligt, oft noch eine Reihe von sexuellen, so genannten genetischen Partnern – Weibchen scheinen in vielen Fällen aktiv nach »Seitensprüngen« zu suchen. Der mögliche Nutzen von solchen Seitensprüngen ist jedoch bei anderen Tiergruppen als

Vögeln besser bekannt. Weibchen des Pseudoskorpions *Cordylochernes scorpioides* haben gesündere Kinder, wenn sie sich mit mehr als einem Männchen paaren. Der Mechanismus, auf dem dieses Ergebnis basiert, ist noch unbekannt, jedoch ist es wahrscheinlich, dass bei einer Paarung mit mehreren Männchen ein Weibchen die Gelegenheit hat, die genetisch am besten geeigneten Spermien zu wählen. Ein gewisser Grad von Promiskuität kann daher Weibchen helfen, für Männchen mit geeigneten Genen zu »shoppen«. Solche Erkenntnisse hatten die Folge, dass beim Studium von Paarungssystemen und der sexuellen Auslese in den vergangenen Jahren individuelle Variabilität und diverse Optionen in den Vordergrund gestellt wurden. Wie das Beispiel der Heckenbraunelle zeigt, lässt sich das Paarungssystem einer Art nicht eindeutig charakterisieren, sondern ist das Ergebnis eines komplexen Wechselspiels von individuell variablen Eigenschaften und Interessen, deren Kosten und Nutzen von ökologischen Bedingungen abhängen.

Gefährliche Liebschaften – Konflikte zwischen Männchen und Weibchen

Die auf Konkurrenz zwischen Männchen und Weibchenwahl beruhende sexuelle Auslese kann mittlerweile kein Monopol mehr bei der Deutung von Sexualverhalten beanspruchen. In den vergangenen Jahren befindet sich eine kontroverse Blickweise im Aufstieg, welche sexuelle Konflikte zwischen den beiden Geschlechtern betrachtet und von der natürlichen Auslese geformte Aspekte des Paarungsverhaltens stärker in den Vordergrund rückt. Denn Naturkundler und Biologen sind sich seit langem bewusst, dass Paarungen für Weibchen gefährlich sein können – beispielsweise ertrinken manchmal weibliche Wasservögel bei Kopulationen. Für Wasserläufer der Gattung *Gerris* existieren detaillierte Daten über die Kosten von Paarungen. Männchen versuchen, sich weitaus häufiger mit einem Weibchen zu paaren als nötig ist, um ihre Eier zu befruchten. Männchen erhöhen mit diesem Verhalten ihren Fortpflanzungserfolg, während Weibchen eine Verringerung ihrer langfristigen Fitness erleiden müssen. Warum sollte ein Männchen in Kauf nehmen, seinem Partner ernsthaften Schaden zuzufügen? Wie kann ein Männchen die eigene Fitness erhöhen, wenn es die Fruchtbarkeit und Lebenserwartung seines Partners vermindert?

Wie eng die Interessen von Männchen und Weibchen zusammenfallen, hängt vom Paarungssystem der Art ab. Wenn Männchen und Weibchen sich in einem monogamen Paarungssystem ein Leben lang binden, gibt es keinen ernsthaften Interessenkonflikt zwischen den Geschlechtern – denn alles, was dem einen Geschlecht nützt, nützt auch dem anderen. Je mehr allerdings das Paarungssystem von der Monogamie abweicht, desto deutlicher treten Konflikte zutage. In einem vollständig promiskuitiven Paarungssystem, wobei sowohl Männchen als auch Weibchen viele Partner im Laufe ihres Lebens haben, ist es nicht im Interesse eines Männchens, dass ein Weibchen, mit dem es sich gerade eben gepaart hatte, sich sofort wieder mit einem anderen Männchen paart. Denn damit kann das Weibchen beispielsweise die Spermienkonkurrenz anheizen. Weibchen können hingegen unter dem Auslesedruck stehen, nach einer Paarung sofort einen weiteren Partner zu suchen, solange diese Entscheidung ihren Fortpflanzungserfolg erhöht – dies mag zum Beispiel geschehen, wenn sie einem vermutlich genetisch besser geeigneten Männchen begegnen. Vor einem solchen Hintergrund können endlose Zyklen von Versuchen stehen, zunächst das Gleichgewicht zugunsten der Männchen zu kippen und dann daraus folgenden Verteidigungsmaßnahmen von Weibchen. Neben den Wasserläufern bietet die promiskuitive Taufliege *Drosophila* Hinweise auf ein solches Wettrüsten zwischen Männchen und Weibchen. Männliche Taufliegen liefern zusammen mit ihren Spermien ein Eiweiß, das zum einen toxisch auf gespeicherte Spermien wirkt und zum anderen die Motivation des Weibchens vermindert, sich wieder zu paaren, und seine Fruchtbarkeit erhöht. Die toxische Wirkung des Eiweißes beschränkt sich allerdings nicht auf Spermien, sondern auch die Weibchen selbst sind betroffen. Die evolutionäre Antwort der Weibchen auf dieses Eiweiß ist ein rascher Wandel eines Rezeptormoleküls, an dem das männliche Toxin andockt. Dieses »Wettrüsten« ist eine Folge der natürlichen, nicht der sexuellen Auslese.

All diese Theorien und Beobachtungen müssen aber nicht eindeutig auf ein von der natürlichen Auslese angetriebenes evolutionäres Wettrüsten zwischen Männchen und Weibchen hinweisen. Viele dieser Beobachtungen lassen sich auch auf eine andere Weise, als doch von der sexuellen Auslese angetrieben, deuten. Weibchen könnten einen indirekten Nutzen davon haben, Männchen physiologischen Widerstand bei Paarungen entgegenzusetzen. Der männliche Nachwuchs aus erfolgreichen Paarungen sollte besonders geeignet sein und der Mutter auf diesem indirekten Weg über ihre Enkel eine beträchtliche Fitnessrendite verschaffen. Weiterhin gibt es empirische Einwände gegen die Schlussfolgerungen aus den obigen Experimenten an der Taufliege: Da all diese Experimente an vergleichsweise langlebigen Laborpopulationen durchgeführt wurden, fehlt bisher der überzeugende Nachweis, dass die gemessenen Fitnessverluste auch tatsächlich unter natürlichen Bedingungen von Bedeutung sind.

SOZIALE EVOLUTION

Kaum ein Tier verbringt sein gesamtes Leben in völliger Einsamkeit. Herden von Bisons, Büffeln, Gnus, Schwärme von Dohlen und Flamingos, riesige Fischschwärme in den Ozeanen, Brutkolonien von Seevögeln oder hochorganisierte Ameisen- und Termitenkolonien demonstrieren nur allzu deutlich die evolutionäre Anziehungskraft des Gruppenlebens. Ein Leben in Gruppen ist, wie auch nahezu jeder Mensch aus eigener Erfahrung bezeugen kann, aber nicht durchgehend vorteilhaft – aggressives Verhalten mag weit verbreitet sein oder es kann beträchtliche Konkurrenz um Nahrung oder Fortpflanzungspartner herrschen. Eine extreme Form von Kosten findet sich bei Insektenstaaten: nur die Königin legt Eier, alle anderen Weibchen verzichten auf Fortpflanzung. Honigbienen verzichten nicht nur auf Nachkommen, sie sind auch bereit, sich für ihre Kolonie zu opfern. Wenn eine Biene mit ihrem widerhakenbesetzten Stachel zusticht, werden ihre gesamten Innereien herausgerissen. Die Giftdrüse kann ihre volle Dosis abgeben und der Angreifer erhält damit eine wirksame Abschreckung gegen weitere Versuche, sich der Kolonie zu nähern. Dieser völlige Verzicht auf Fortpflanzung und die Bereitschaft zur Selbstaufopferung sind aus einer gen-egoistischen Perspektive der höchste evolutive Preis, den ein Individuum bezahlen kann. Ein Leben in Gruppen ist im Tierreich nichtsdestotrotz weit verbreitet und offenbar evolutiv stabil – soziale Lebensformen müssen also jedem Individuum, auch den selbstaufopfernden Arbeiterinnen in einem Bienen- oder Ameisenstaat, Vorteile bieten, welche mögliche Kosten aufzuwiegen vermögen.

Der Begriff »Gruppe« umfasst, wie die obigen Beispiele ersichtlich machen, zahlreiche biologische Erscheinungen. Manche Gruppen sind nur lose Verbände von Individuen, andere straff organisierte und strukturierte Kolonien. Hier sollen zunächst lose Gruppen und Verbände wie Herden von Säugetieren, Fisch- und Vogelschwärme im Vordergrund stehen, bei deren Bildung mutualistische Wechselwirkungen zwischen den Gruppenmitgliedern bedeutsam sind. Beim Mutualismus spielt die Verwandtschaft zwischen den Individuen keine oder nur eine untergeordnete Rolle, und den geteilten Nutzen des Gruppenlebens können alle Mitglieder gleichzeitig genießen. Die Evolution von komplex strukturierten Gruppen, bei denen Verwandtschaftsverhältnisse eine Rolle spielen oder es um einen zeitlich versetzten Austausch von Leistungen geht (»hilfst du mir heute, helfe ich dir später«), wird im Folgenden behandelt. Es muss allerdings darauf hingewiesen werden, dass bei der Gruppenbildung verschiedene Mechanismen zusammenarbeiten können. So können beispielsweise ökologische Umstände mutualistischen Gruppen Vorteile bringen. Diese Gruppen können aber dann in der Folge eine Bühne für die Interaktion von Verwandten bieten oder den zeitverzögerten Austausch von Leistungen begünstigen.

Kosten und Nutzen des mutualistischen Gruppenlebens

Zahlreiche aufmerksame Augen sind wirksamer als zwei, gemeinsam ist man stärker und von anderen Individuen lässt sich lernen – diese recht einfachen Erkenntnisse bieten die Grundlage für die wichtigsten Vorteile eines Lebens in Gruppen: Die Vermeidung von Räubern und ein effizienteres Auffinden von Nahrung sind zwei wichtige Vorteile des Gruppenlebens – Vorteile, von denen alle Mitglieder ohne Zeitverzögerung profitieren.

Löwen jagen in der Regel in Gruppen. Dieses kooperative Verhalten kommt häufiger vor, wenn schwierig zu erjagende Beute das Opfer ist. Männliche Löwen sind weniger geschickte Jäger als Weibchen und halten sich bei den Gruppenjagden meist zurück. In einer Löwengruppe in Namibia konnte eine klare Arbeitsteilung identifiziert werden – einige Individuen pirschen sich immer von rechts, andere immer von links an, während der Rest sich direkt auf die Beute zubewegt. Diese Löwen jagen in einem Lebensraum, in dem Einzeltiere kaum je erfolgreich bei der Jagd sind, und diese Methode sichert den Jagderfolg der Gruppe. Das Verhalten anderer Gruppenmitglieder kann eine willkommene Informationsquelle für ein Individuum auf der Suche nach Nahrung sein. Zahlreiche Studien belegen, dass bei der Nahrungssuche erfolgreiche Individuen andere

Tiere anlocken – wo ein Tier erfolgreich war, sollte auch etwas für andere zu finden sein. Tiere, die beispielsweise im Winter in festen Gruppen zusammenleben, können von ihren Partnern profitieren. Der Kreuzschnabel, ein in Zapfen nach Samen suchender Vogel, kann durch die Beobachtung von Partnern von deren Erfolgen und Misserfolgen lernen und die eigene Suche auf profitable Bäume richten.

Der mit dem Gruppenleben verbundene Schutz vor Raubfeinden basiert vor allem auf zwei Mechanismen: Zum einen werden Angreifer von größeren Gruppen mit größerer Wahrscheinlichkeit wahrgenommen und abgewehrt, zum anderen hat jedes Individuum eine geringere Wahrscheinlichkeit, als Beute ausgewählt zu werden, je größer die Gruppe ist. Vögel wechseln normalerweise die Suche nach Nahrung mit der Ausschau nach Räubern ab. Ein Einzelvogel ist daher verletzlich, sobald er den Blick abwendet und auf dem Boden nach Samen oder Insekten sucht. Je mehr Vögel einem Schwarm angehören, desto wahrscheinlicher ist, dass zu einem bestimmten Augenblick irgendein Vogel Ausschau hält und einen möglichen Angreifer identifiziert. Diesem Vorteil arbeitet aber eine unter Umständen bessere Sichtbarkeit von großen Gruppen entgegen – große Gruppen können also besonders viele Angriffe auf sich ziehen. Einige Experimente zeigen, dass die Häufigkeit von Angriffen mit der Gruppengröße steigt, jedoch auch, dass dies die Vorteile des »Verdünnungseffektes« nicht vollständig außer Kraft setzen kann.

Der Schutz vor Räubern ist nicht immer passiv: Gruppen von Individuen können sich mit Gegnern anlegen, vor denen ein Einzeltier kapitulieren muss. Wacholderdrosseln nisten manchmal in kleinen Kolonien, manchmal allein. Angriffe von Räubern werden von in Kolonien brütenden Drosseln weit wirksamer abgewehrt als von einzelnen Vögeln. Manchmal beruht der Schutz auf einem ungewöhnlichen Mechanismus – Gruppen können Angreifer verwirren. Vor allem bei Fischen scheinen Räuber bei großen Gruppen Probleme zu haben, bei einem Angriff ein einzelnes Beutetier herauszugreifen. Die Gründe für dieses Phänomen sind weitgehend unbekannt, doch wie theoretische Arbeiten andeuten, scheinen grundlegende Eigenschaften von Wahrnehmungssystemen eine Rolle zu spielen.

Die negativen Fitness-Folgen des Gruppenlebens können recht komplexe Formen annehmen. Manchmal mag es nicht die Bezahlung von Kosten sein, die evolutive Folgen hat, sondern der Versuch, diese Kosten zu vermeiden. So sind beispielsweise in Möwenkolonien Angriffe auf Eier oder Küken durch andere Möwen eine beständige Gefahr. Um diese Gefahr abzuwenden, muss ein Elternteil immer das Nest bewachen, was zu einem geringeren Erfolg beim Nahrungserwerb führt. Darüber hinaus resultiert das hohe Aggressionsniveau in einem hohen Energieverbrauch. Ein Leben in Gruppen kann somit eine komplex wechselwirkende Kaskade von Kosten hervorrufen. Einige Nachteile des Gruppenlebens sind aber recht gut fassbar. Diese Nachteile betreffen Konkurrenz beim Nahrungserwerb, die Verbreitung von Parasiten und den Brutparasitismus.

Eine Gruppe mag besser als ein Einzeltier bei der Lokalisierung von Nahrungsquellen sein, aber sobald Nahrung gefunden ist, besteht die Gelegenheit, um Zugang zu konkurrieren. Diese Konkurrenz, auch Interferenz genannt, kann direkte und indirekte Formen annehmen. Der so genannte Kleptoparasitismus ist eine direkte Form der Konkurrenz um Nahrung. Anstatt selbst wertvolle Zeit zu investieren und nach Nahrung zu suchen, wählen einige Gruppenmitglieder einen bequemen Umweg: Sie versuchen einem anderen Tier Nahrung abzunehmen. Kleptoparasitismus lohnt sich besonders für dominante Individuen, so beispielsweise beim Austernfischer (*Haematopus ostralegus*). Dominante Tiere vermeiden in der Regel erfolgreich, dass im Laufe der Auseinandersetzung das Beutestück verloren geht oder sogar zerstört wird. Aber auch ohne direkte kämpferische Auseinandersetzungen um Beute kann der Pro-Kopf-Erfolg mit steigender Gruppengröße abnehmen. Eine Störung der Beutetiere mag eine

Ursache für dieses Phänomen sein – die Anwesenheit vieler nahrungssuchender Tiere führt dazu, dass Beutetiere sich verstecken.

Viele Parasitenarten werden durch direkten Kontakt zwischen den Wirtsorganismen weiterverbreitet. Diese Parasiten haben es daher leichter, wenn ihre Wirte in Gruppen leben. Zahlreiche empirische Studien zeigen, dass in vielen Gruppen die Parasitenlast mit der Anzahl der Mitglieder zunimmt. Die Nebel- und Saatkrähe sind nahe miteinander verwandt und haben zahlreiche potentielle Parasitenarten gemeinsam. Die Parasitenbelastung ist jedoch bei der in Kolonien lebenden Saatkrähe weitaus höher als bei der territorialen Nebelkrähe.

Brutparasitismus und die daraus folgende fehlgerichtete Brutpflege verursachen ernsthafte Kosten beim Gruppenleben. Brutparasiten können auf Nester von Artgenossen oder von anderen Arten abzielen und Paaren ihre eigenen Eier unterschieben. Der Kuckuck ist ein klassischer zwischenartlicher Brutparasit. In Gruppen ist aber besonders der innerartliche Brutparasitismus von Bedeutung. Kolonien erlauben es den Brutparasiten, andere Brüter zu beobachten, die Qualität der Eltern zu beurteilen und besonders gute Gelegenheiten abzuwarten. Vorläufige Daten deuten an, dass 57 Prozent von 232 untersuchten Vogelarten mit innerartlichem Brutparasitismus in Kolonien brüten, wobei nur 13 Prozent aller Vogelarten in Kolonien leben.

Verwandtenauslese und Reziprozität

Als altruistisch werden in der Soziobiologie Handlungen bezeichnet, die dem ausführenden Organismus Fitness-Kosten auferlegen und gleichzeitig einem anderen Individuum einen Fitness-Gewinn verschaffen. Diese Definition von Altruismus entspricht nicht dem alltäglichen Gebrauch des Begriffes, da bewusste Motive und Absichten keine Rolle spielen und nur Konsequenzen bedeutsam sind.

Edward O. Wilson identifizierte in seinem Werk *Sociobiology. The New Synthesis* (1975) Altruismus als das zentrale Problem der neuen Disziplin: Wie kann der Verzicht auf Fortpflanzungsmöglichkeiten sich durch den Mechanismus der natürlichen Auslese entwickeln? Langfristig sollte ein solches Phänomen aus einer Population getilgt werden, da die Merkmalsträger keine oder wenige Nachkommen haben. In seinem Werk *The Descent of Man* vermutete Darwin, eine Auslese auf der Ebene von Gruppen könne Altruismus erklären: Gruppen mit altruistischen Mitgliedern haben gegenüber selbstzerstörerischen, egoistischen Gruppen einen Konkurrenzvorteil. Darwin deutete aber auch an, dass Verwandtschaft eine Rolle spielen könne. Dieser zweite Vorschlag gewann mit dem Aufstieg des Gen-Egoismus und dem Fall der Gruppenselektion an Popularität. Neben diesem heute als Verwandtenauslese bezeichneten Mechanismus gilt die Reziprozität zwischen nicht verwandten Organismen als zweiter wichtiger Erklärungsanwärter für den Altruismus.

William D. Hamilton beschrieb 1964 in einer bahnbrechenden Arbeit, wie altruistische Handlungen mit ihren reproduktiven Opfern nichtsdestotrotz dem ausführenden Organismus Vorteile verschaffen können: Wenn Nutznießer der altruistischen Handlung Verwandte sind, können die Kosten des ausführenden Organismus durch den Nutzen für die Verwandten aufgewogen werden. Die elterliche Pflege und ihre Kosten sind ein guter Einstieg in ein Verständnis dieses Mechanismus: Eltern pflegen und verteidigen ihren Nachwuchs, da sie auf diese Weise direkte Kopien ihrer Gene in die nächste Generation weiterverbreiten – dies schließt jedoch **Konflikte zwischen Eltern und Nachwuchs** nicht aus. S. 116 Aber die Produktion und das Aufziehen und Pflegen von Nachwuchs ist nicht die einzige Art und Weise, Kopien von Genen gleichen genealogischen Ursprungs weiterzuverbreiten und zu vermehren. Denn nicht nur direkter Nachwuchs, sondern auch andere Verwandte teilen sich solche genealogisch miteinander verbundenen Gene. Hamilton erkannte, dass mit einer Unterstützung dieser verwandten Individuen auch dem genetischen Selbstinteresse gedient werden kann. Wenn Gene durch die Produktion direkter Nachkommen verbreitet werden, wird in der Soziobiologie von individueller Auslese, wenn die Weiterverbreitung durch andere Verwandte geschieht, wird hingegen von Verwandtenauslese gesprochen.

Die genetische Verwandtschaft zwischen Individuen ist ein wichtiges Konzept zum Verständnis der Verwandtenauslese. Die genetische Verwandtschaft zwischen zwei Individuen misst *nicht* die absolute genetische Ähnlichkeit zwischen ihnen, sondern den Grad der genetischen Identität, der über die durchschnittliche Identität zwischen zwei zufällig gewählten Individuen einer Population hinausgeht. Eine Methode, genetische Verwandtschaft zu messen, ist die Berechnung der Wahrscheinlichkeit, dass eine Genversion aufgrund *gemeinsamer Abstammung* bei zwei Individuen identisch ist. Bei diploiden Arten – bei diesen Arten verschmelzen Ei und Spermium mit je einem Chromosomensatz – steuert jeder Elternteil genau die Hälfte seines genetischen Materials bei. Die Wahrscheinlichkeit, dass eine bestimmte elterliche Genversion auch bei einem Nachkommen vorliegt, beträgt also auch 0,5. Dieser Wert wird als Koeffizient der Verwandtschaft, r, bezeichnet. Aber nicht nur direkte Nachkommen haben gemeinsame Gene aufgrund gemeinsamer Abstammung, dies gilt auch für Geschwister ($r = 0{,}5$), Halbgeschwister ($r = 0{,}25$), Enkelkinder ($r = 0{,}25$) oder Vettern und Kusinen ($r = 0{,}125$). Es muss allerdings betont werden, dass eine Darstellung der Verwandtenauslese mit Hilfe des aus Familienstammbäumen berechneten Verwandtschaftskoeffizienten ein leicht nachvollziehbarer, aber nicht der vollständig korrekte Weg ist. Der Mechanismus der Auslese »sieht« statistische Zusammenhänge zwischen den Genotypen des Altruisten und der Empfänger, egal auf welche Weise solche Zusammenhänge entstanden sind. Es bleibt aber dabei, dass gemeinsame Abstammung einer der wichtigsten Wege zur Etablierung solcher Zusammenhänge ist.

Hamilton zeigte in seiner bahnbrechenden Arbeit, wie die Verwandtenauslese einer altruistischen Handlung einen evolutiven Vorteil verschaffen kann. Angenommen, es kommt zu einer Wechselwirkung zwischen einem Altruisten und einem Empfänger der altruistischen Handlung. Der Altruist erleidet Kosten von der Größe *C* und der Empfänger genießt einen zusätzlichen Nutzen *B*. Das Gen, das dazu führt, dass ein Individuum altruistisch handelt, kann in seiner Häufigkeit zunehmen, wenn *rB* größer als *C* ist, das heißt, wenn der durch den Koeffizient der Verwandtschaft abgewertete zusätzliche Nutzen für den Empfänger größer als die Kosten für den Altruisten sind. Dies wird in der Soziobiologie als »Hamiltons Regel« bezeichnet. Ein Beispiel soll diesen Mechanismus verdeutlichen.

Angenommen, ein Individuum steht vor der Wahl, selbst Nachwuchs zu zeugen oder der eigenen Mutter zu helfen, Geschwister zu produzieren. Geschwister (wenn der Vater der gleiche ist) und eigene Nachkommen haben beide einen Verwandtschaftskoeffizienten von 0,5. Der Mutter zu helfen ist vorteilhaft, wenn diese mindestens einen Nachkommen mehr produzieren kann als dem helfenden Organismus durch den Fortpflanzungsverzicht verloren geht. Wenn die beiden Weibchen allein jeweils zwei Nachkommen erzeugen und aufziehen können, dann lohnt sich die Hilfe der Tochter, wenn die Mutter unter diesen Umständen fünf Nachkommen aufziehen kann. Wenn ein Individuum vor der Wahl steht, einer Schwester zu helfen, dann müsste diese mindestens zwei zusätzliche Nachkommen produzieren können, da der Verwandtschaftskoeffizient in diesem Fall nur 0,25 beträgt. Der Erfolg eines Individuums kann daher mit seiner so genannten »inklusiven Fitness« gemessen werden. Dieses Maß berücksichtigt nicht nur den eigenen Fortpflanzungserfolg, sondern auch die Kosten und Nutzen der Unterstützung von Verwandten.

Die Verwandtenauslese ermöglicht, altruistische Handlungen zwischen mehr oder weniger nah verwandten Individuen zu erklären.

Aber in einigen Fällen im Tierreich, und vor allem beim Menschen, sind Individuen offenbar bereit, für nicht verwandte Individuen oft beträchtliche kurzfristige Kosten auf sich zu nehmen. Einen Schlüssel bietet hier das **Gefangenendilemma** – beim wiederholten Zusammentreffen von Individuen werden kurzfristige Kosten durch langfristigen Nutzen aufgewogen. S. 100

Wie weit verbreitet Reziprozität im Tierreich ist, ist sehr umstritten. Während einige Wissenschaftler behaupten, diese Erscheinung sei selten oder nie aufzufinden, sehen andere Reziprozität häufig verwirklicht. Empirische Studien stehen vor dem großen Problem, die Belohnungsmatrix zu rekonstruieren und damit nachzuweisen, dass eine Wechselwirkung zwischen zwei Individuen zweifelsfrei dem Gefangenendilemma folgt. Eine Kooperation zwischen Individuen mag eben auch mutualistisch sein, das heißt alle profitieren auch kurzfristig und nicht nur langfristig von einer Zusammenarbeit. Ein Beispiel soll die empirischen Schwierigkeiten illustrieren.

Die Löwenweibchen eines Rudels ziehen ihre Jungen gemeinsam in »Horten« auf. Diese gemeinsame Aufzucht verursacht kurzfristige Kosten und entspricht daher möglicherweise einem Gefangenendilemma: ein einzelgängerisches Weibchen kann all ihre Anstrengungen auf ihre eigenen Jungen richten und nur sie stillen, während andere Mütter alle Jungen im Hort gleich behandeln und auch andere als ihre eigenen mit Milch versorgen. Allerdings sind diese Horte evolutiv nicht wegen der Vorteile der gemeinsamen Aufzucht entstanden. Denn die Horte sind schützende Koalitionen gegen neue Männchen im Rudel, die nicht mit ihnen verwandte Jungen töten wollen. Gruppen von Müttern sind ein wirksamerer Schutz gegen diese Männchen als Einzeltiere. Die kommunale und nicht-diskriminative Verteilung von Milch ist eine Folge des »parasitären« Verhaltens der Jungen. Die Abgabe von Milch an nicht-verwandte Jungen ist der Preis, den Mütter für den unmittelbaren kommunalen Schutz ihres eigenen Nachwuchses zu zahlen haben. Die Kinderhorte von

Löwen sind also wahrscheinlich Folgen von mutualistischen und nicht von reziproken Wechselwirkungen.

Ernsthafte Probleme beim empirischen Nachweis der Reziprozität tauchen auch bei der Untersuchung des gemeinsamen Jagens von Löwen, der Räubererkundung bei Fischen und der sozialen Pflege bei Primaten auf. Es wurde wiederholt vermutet, dass bei Primaten Fellpflege als »Bezahlung« für altruistische Handlungen des Gepflegten genutzt wird. Allerdings steht immer noch ein überzeugender Nachweis aus, dass die Pflege des Fells eines anderen Individuums dem Ausführenden tatsächlich irgendwelche Kosten verursacht. Die Rolle der Reziprozität bei der sozialen Evolution im Tierreich ist daher immer noch offen.

Eusoziale Tiergemeinschaften

Charles Darwin etablierte die Bedeutung des individuellen Organismus in der Evolutionsbiologie: Variable Individuen setzen sich mit der unbelebten und belebten Umwelt auseinander; erfolgreiche Individuen vererben ihre vorteilhaften Merkmale an ihre Nachkommen und treiben damit einen endlosen evolutiven Wandel an. Bienen und Ameisen stellten aber schon Darwin vor eine bedeutsame Herausforderung: Bei diesen sozialen Arten verzichten Arbeiterinnen zugunsten der Königin vollständig auf eigene Nachkommen. Wie kann dieses selbstaufopfernde Verhalten an die nächste Generation weitergegeben werden? Darwin vermutete, dass bei diesen Insekten die Auslese nicht auf der Ebene des Individuums, sondern auf der Familienebene ansetzt. Darwin konnte natürlich noch nichts von den genetischen Mechanismen wissen, die der Theorie der Verwandtenauslese zugrunde liegen, aber seine Intuition, dass nicht immer »bindungslose« Individuen, sondern manchmal auch Gruppen von verwandten Tieren der Fokus der Auslese sind, erwies sich als richtig.

Die besondere Organisation von komplexen Tierstaaten hat ihnen einen eigenen Namen verschafft: Diese Gesellschaften werden als eusozial bezeichnet. Bei Insekten kommen eusoziale Gesellschaften bei 12000 Arten von Hautflüglern (*Hymenoptera* – dazu gehören Bienen, Wespen und Ameisen), bei sechs Arten von Thripsen (Fransenflügler, *Thysanoptera*), bei ungefähr 2000 Termitenarten, ungefähr 40 Blattlausarten und einer Rüsselkäferart vor. Eusoziale Tiergesellschaften zeichnen sich durch die folgenden Eigenschaften aus: zahlreiche, sich überlappende Generationen von erwachsenen Tieren pflegen gemeinsam die nachkommenden Generationen; es herrscht eine reproduktive Arbeitsteilung – einige Individuen (Königinnen und manchmal Könige) spezialisieren sich auf die Fortpflanzung, während die Mehrzahl der Nestbewohner, die Arbeiter oder aber meist Arbeiterinnen, sich anderen Aufgaben wie dem Nahrungserwerb, dem Nestbau, der Verteidigung und der Brutpflege widmet. Da Arbeiter und Arbeiterinnen auf eigene Nachkommen verzichten, um anderen bei der Fortpflanzung zu helfen, wird bei eusozialen Insekten von reproduktivem Altruismus gesprochen.

Bestimmte ökologische und genetische Faktoren begünstigen die Evolution von eusozialen Gesellschaften. Bei Thripsen, Termiten, Käfern und Blattläusen spielen ökologische Faktoren eine entscheidende Rolle. Die eusozialen Arten aus diesen Gruppen leben in befestigten »Nahrungs-Fabriken«. Die Nahrung für die Individuen ist folglich im Nest verfügbar und die Gruppenmitglieder müssen sich nicht aus ihrem Domizil hinauswagen, um Futter zu finden. Die gemeinsame Verteidigung des Nests und eine Arbeitsteilung der Nestmitglieder ermöglicht eine effiziente Nutzung der wertvollen und von Konkurrenten beanspruchten Nahrungsressourcen. Nicht-reproduktive Arbeiter und Arbeiterinnen spezialisieren sich auf verschiedene Aktivitäten wie Nahrungserwerb, Nestbau und -pflege, Verteidigung des Nestes oder die Versorgung des Nachwuchses. Der König und die Königin widmen sich allein der Fortpflanzung. Ein abtrünniges Individuum hat unter solchen Umständen kaum Gelegenheit, ein Nest zu verlassen und erfolgreich eigenen Nachwuchs heranzuziehen.

Bienen, Ameisen und Wespen zeichnen sich durch eine ungewöhnliche Methode der genetischen Geschlechtsbestimmung aus, welche zusammen mit ökologischen Faktoren die Vielfalt eusozialer Gesellschaften in dieser Tiergruppe erklären kann: Bei Hautflüglern entstehen Männchen aus unbefruchteten, Weibchen aus befruchteten Eiern. Daraus folgt, dass Männchen einen einfachen Chromosomensatz in all ihren Zellen, Weibchen hingegen einen doppelten Chromosomensatz haben. Weiterhin folgt, dass die Spermien eines Männchens alle genetisch völlig identisch sind, während die Eizellen von Weibchen genetisch variabel sind, da von jedem Chromosomenpaar bei der Reifeteilung – der Meiose – ein zufällig gewähltes Mitglied in die Eizelle kommt. Dieses System der Geschlechtsbestimmung hat ungewöhnliche Konsequenzen für die Verwandtschaftsverhältnisse innerhalb eines Ameisen- oder Bienenstaates. Wenn sich die Königin mit nur einem Männchen paart, dann erhält jede zukünftige Arbeiterin vom Vater eine Hälfte des genetischen Materials, das mit dem väterlichen genetischen Material jeder ihrer Schwestern völlig identisch ist. Die zweite Hälfte ist eine Stichprobe des mütterlichen Genoms und daher im Durchschnitt zur Hälfte mit dem von der Mutter stammenden Genmaterial ihrer Schwestern identisch. Der Verwandtschaftsgrad zwischen Schwestern berechnet sich also wie folgt: $r = 0{,}5 \cdot 1 + 0{,}5 \cdot 0{,}5 = 0{,}75$. Der Verwandtschaftsgrad eines Weibchens mit ihren Töchtern beträgt auch in diesem System der Geschlechtsbestimmung *0,5*. Diese Zahlenverhältnisse haben weitreichende evolutive Folgen: Da eine Arbeiterin näher mit ihren eigenen Schwestern ($r = 0{,}75$) als mit ihren Töchtern ($r = 0{,}5$) verwandt ist, kann sie Kopien ihrer Gene wirksamer in folgende Generationen weiterverbreiten, wenn sie ihrer Mutter bei der Pflege und Aufzucht von weiteren Schwestern hilft und selbst völlig auf Nachkommen verzichtet!

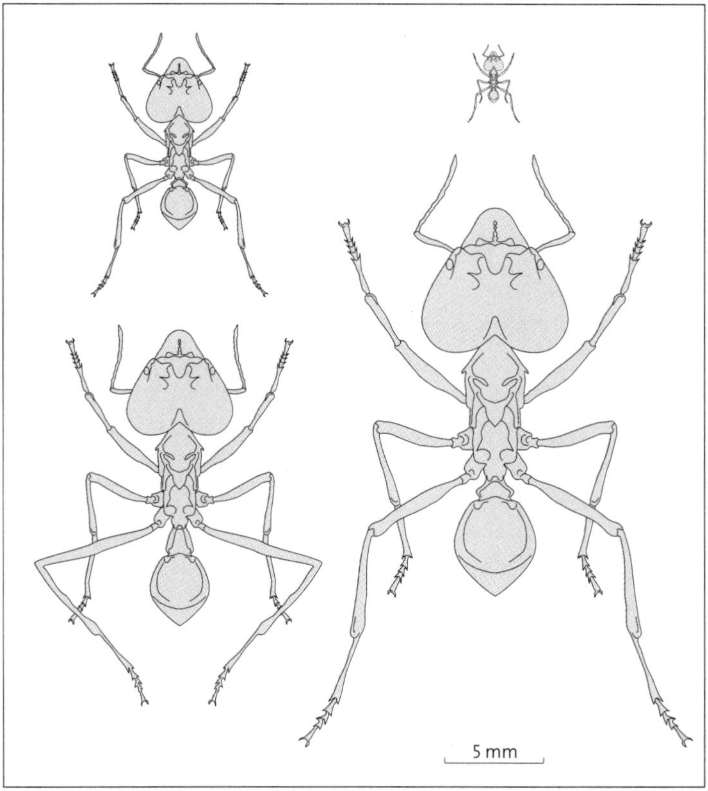

Die hier dargestellten *Atta*-Blattschneiderameisen – von der Miniaturgärtnerin oben rechts bis zum riesigen Soldaten unten rechts – sind allesamt Arbeiterinnen aus einer einzigen Kolonie.

Bei Bienen, vielen Ameisen und Termiten sind die Nestbewohner in morphologisch verschiedene Kasten eingeteilt. Die auf Nahrungserwerb, Brutpflege oder Verteidigung spezialisierten Individuen haben oft völlig die physiologische Fähigkeit verloren sich fortzupflanzen. Bis vor wenigen Jahren wurde vermutet, die Königin manipuliere ihren Nachwuchs mit chemischen Stoffen, so genannten Pheromonen, und hindere sie daran, Eierstöcke zu entwickeln. Inzwischen S. 110 werden diese Pheromone aber als ein **ehrliches Signal** betrachtet, das den sich entwickelnden Larven mitteilt: »Ich bin sehr fruchtbar und wenn du mir hilfst, ziehst du viele Brüder und Schwestern heran.« Aber selbst diese königliche Ehrlichkeit vermag nicht immer S. 118 die Harmonie in eusozialen Staaten aufrechtzuerhalten – **Insektengesellschaften** gleichen manchmal **Polizeistaaten.** Die Ausprägung von Kasten wird vor allem durch einen Faktor begünstigt: die Größe der Kolonie. Je größer die Kolonie wird, desto geringer ist die Chance einer jeden Arbeiterin, die Königin zu ersetzen. Es herrscht daher ein geringer Auslesedruck, die Fortpflanzungsfähigkeit beizubehalten. Vergleichende Untersuchungen haben bestätigt, dass in großen Kolonien die morphologischen und physiologischen Unterschiede zwischen reproduktiven und nicht-reproduktiven Individuen größer sind als in kleinen Kolonien.

Aber auch Säugetiere sind manchmal für Überraschungen gut: Eusoziale Gemeinschaften gibt es nicht nur bei Insekten, sondern auch bei dem Nacktmull (*Heterocephalus glaber*), einem wahrhaft bizarren kleinen Nagetier aus Kenia, Äthiopien und Somalia, und der Art *Cryptomys damarensis*. Nacktmulle sind die weitaus besser erforschten der beiden Arten. Diese Tiere sind 9 bis 12 cm lang, wiegen 30 bis 60 Gramm, sind nahezu blind und haben eine unbehaarte, schlaffe, rosafarbene Haut. Die Tiere leben in unterirdischen Gängen, die sie mit ihren überdimensionierten meißelähnlichen Schneidezähnen graben. Kolonien zeigen sich an der Oberfläche nur durch kleine Haufen von Erde an, die beim Tunnelbau an die Oberfläche geschafft werden. Der Nacktmull lebt in Kolonien von 10 bis 300 Tieren. Nur eine Königin und bis maximal drei Männchen pflanzen sich fort. Nicht-reproduktive Männchen und Weibchen pflegen die Jungen, halten das Nest instand, suchen Nahrung und versuchen räuberische Schlangen abzuwehren. Individuen kommunizieren mit 18 verschiedenen Lauten, dem umfangreichsten bei Nagetieren bekann-

Der Nacktmull

ten Repertoire. Anders als bei eusozialen Insekten gibt es keine morphologisch unterscheidbaren und festgefügten Kasten. Das Verhalten der nicht-reproduktiven Individuen hängt von ihrem Alter und der Körpergröße ab: Kleine Individuen widmen sich vor allem der Instandhaltung und Vergrößerung des Nestes, während große Individuen Verteidigungsaufgaben wahrnehmen. Die Mitglieder einer Kolonie zeichnen sich durch einen außerordentlich hohen mittleren Verwandtschaftsgrad *r* von 0,8 aus – dieser hohe Wert beruht auf einem großen Maß von Inzucht. Nicht-reproduktive Individuen sind nicht steril, werden aber durch ständige Schikane dominanter Individuen von der Fortpflanzung abgehalten. Wenn einer der Könige oder die Königin stirbt, dann rückt ein anderes Individuum nach und passt sich im Körperbau an die neue Aufgabe an. Nacktmulle leben bis zu 10 Jahren – eine außerordentlich lange Lebenserwartung für Nagetiere.

Die soziale Organisation der Nacktmulle ist wahrscheinlich eine Folge der extremen Lebensbedingungen mit einer sehr ungleichmäßigen Nahrungsverteilung und unvorhersehbaren und seltenen Regenfällen. Nur durch Kooperation können Nacktmulle unter solch harschen Bedingungen überleben. Individuen einer Kolonie profitieren davon, Geschwister aufzuziehen und langfristig in die Position des Königs oder der Königin aufzurücken. Bei Nacktmullen zeigt sich deutlich die Wechselwirkung von ökologischen und genetischen Faktoren bei der sozialen Evolution.

Eusoziale Gesellschaften werden manchmal als Super-Organismen bezeichnet: Sie gleichen einem Organismus und die Individuen den auf bestimmte Aufgaben spezialisierten Zellen. Die Zellen eines Organismus arbeiten zusammen, weil sie gemeinsame Interessen haben, und sie teilen diese Interessen, weil sie genetisch identisch sind. Eine Leberzelle verzichtet auf eigene Fortpflanzung, weil sie durch ihre Aktivität die genetisch identischen Zellen der Keimbahn bei der Weitergabe des genetischen Materials unterstützt. In einer eusozialen Insektengesellschaft ist der Verwandtschaftsgrad nicht so hoch wie innerhalb des Zellverbandes eines Körpers, aber genügend hoch, um zu einer ähnlichen Aufgabendifferenzierung zu führen. Bei diesen sozialen Tieren ist also nicht der Einzelorganismus, sondern die Kolonie die Ebene, an der Auslese angreift und die Fitness der Gene bestimmt.

Kooperative Fortpflanzung bei Wirbeltieren

Ungefähr 3 Prozent aller Vogel- und Säugetierarten sind kooperative Brüter. In diesem Fortpflanzungssystem wird ein beträchtlicher Anteil der Nachwuchspflege von Individuen geleistet, die nicht die genetischen Eltern der aktuellen Nachwuchsgeneration sind. Diese so genannten »Helfer« sind in der Regel – aber bei weitem nicht immer – ältere Geschwister, die nach einigen wenigen Brutepisoden das

Territorium ihrer Eltern verlassen und sich dann selbst fortpflanzen. Diese Vogel- und Säugetierarten leben somit häufig in Familien, die Individuen aus verschiedenen Generationen vereinen. Ob kooperatives Brüten bei Wirbeltieren und Eusozialität bei Wirbellosen (und dem Nacktmull) tatsächlich unterschiedliche, eigene Bezeichnungen verdienende Erscheinungen sind, ist fraglich. Die meisten Eigenschaften, die eusoziale Gesellschaften charakterisieren, treffen auch auf kooperative Brüter zu – wenn auch nicht immer unbedingt im gleichen Ausmaß. So sind beispielsweise Arbeiterinnen in vielen – aber nicht allen – eusozialen Insektengesellschaften physiologisch steril, während dies nie auf kooperative Brüter zutrifft. Außerdem ist die Arbeitsteilung bei Wirbeltieren oft nicht so ausgeprägt wie bei eusozialen Insekten, und eine Kastenbildung tritt – außer beim Nacktmull – nie auf. Traditionell werden kooperative Brüter und eusoziale Gesellschaften trotz der Ähnlichkeiten von unterschiedlichen Gruppen von Wissenschaftlern untersucht und in der Fachliteratur getrennt behandelt.

Die Evolution und Dynamik kooperativ brütender Familiengruppen wird von direkten und indirekten Kosten und Nutzen, dem Verwandtschaftsgrad der beteiligten Individuen und Dominanzhierarchien bestimmt. Indirekte Fitnessvorteile werden erlangt, indem der Reproduktionserfolg von Verwandten erhöht wird, direkte Vorteile sind durch die Hilfe erworbene bessere Fortpflanzungsmöglichkeiten in der Zukunft. Die ökologischen Bedingungen lassen sich in einem Modell zusammenfassen: (1) Der Verzicht auf frühestmögliche Fortpflanzung geschieht, wenn die Anzahl der Nachkommen die Anzahl der Brutmöglichkeiten für diese Nachkommen übersteigt; (2) Manche Nachkommen müssen daher auf akzeptable Brutmöglichkeiten warten; (3) Familiengruppen bilden sich, wenn es sich lohnt, die Wartezeit mit den Eltern zu verbringen und deren Fortpflanzung zu unterstützen. Familiengruppen sollten daher recht instabil sein: Sobald ökologische Faktoren sich ändern und neue Brutmöglichkei-

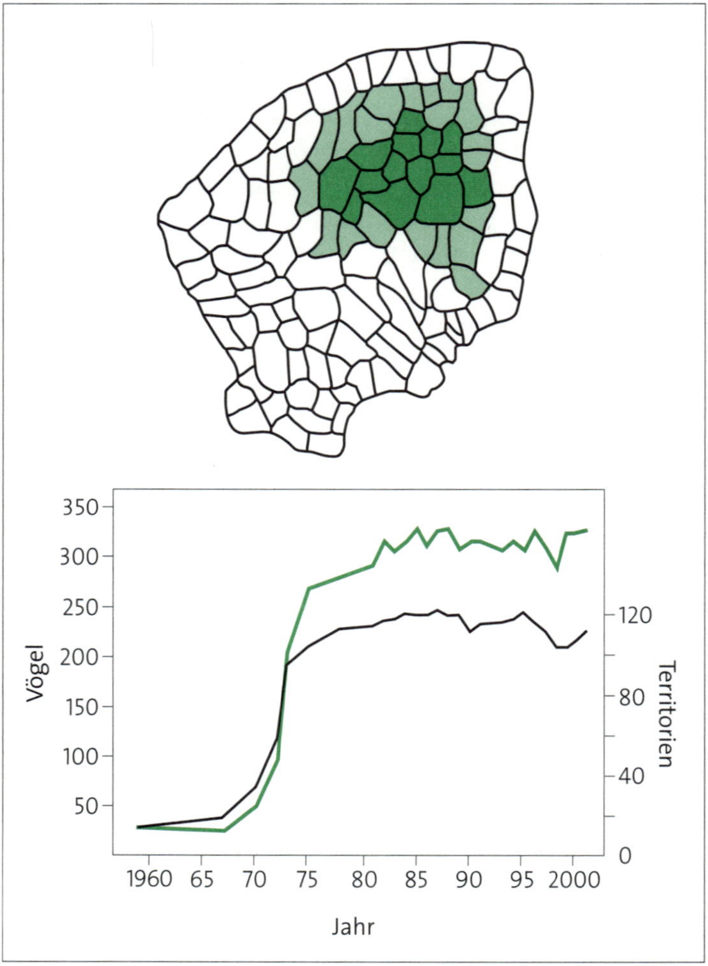

Karte von Cousin Island mit den Territorien des Seychellen-Rohrsängers. Territorien hoher Qualität sind dunkelgrün, mittlerer Qualität hellgrün und niedriger Qualität weiß. Unten: Die zeitliche Zunahme der Seychellen-Rohrsänger (schwarze Symbole) und von Territorien (offene Symbole) auf Cousin Island seit 1959.

Eine vollständige Familiengruppe von Seychellen-Rohrsängern mit zwei Brütern, drei Helfern und zwei Nachkommen.

ten entstehen oder verschwinden, sollten Familien sich auflösen oder bilden.

Ein schönes und besonders gut untersuchtes Beispiel für Kosten und Nutzen kooperativen Brütens bietet der Seychellen-Rohrsänger (*Acrocephalus sechellensis*). Bis 1988 war diese Art im nördlich von Madagaskar gelegenen Seychellen-Archipel auf die Insel Cousin beschränkt. Der Rohrsänger hatte eine ernste, fast fatale Krise durchleben müssen: 1960 bestand die Population aus nur noch 26 Individuen und war akut vom Aussterben bedroht. Nach erfolgreichen Schutzanstrengungen stieg die Zahl bis 1982 auf 320. Sechs Jahre später wurden auf den beiden benachbarten Inseln Aride und Cousin von Wissenschaftlern zwei weitere Populationen des Seychellen-Rohrsängers etabliert. Diese Aktion war derart erfolgreich, dass die gesamte Populationsgröße inzwischen auf 2000 Individuen gestiegen ist.

Seychellen-Rohrsänger sind sehr ortstreu und bleiben auf ihrer Geburtsinsel. Paare bleiben normalerweise bis zu neun Jahren auf ihren Territorien. Küken werden drei Monate versorgt. Nahezu jeder Vogel auf Cousin Island wurde seit 1985 markiert und während aller Brutversuche beobachtet. Mit Hilfe von DNA-Fingerabdrücken konnte auch die Elternschaft aller Nachkommen festgestellt werden. Auf diese Weise lässt sich der Lebenszeitfortpflanzungserfolg jedes Vogels berechnen. Seychellen-Rohrsänger können schon in ihrem ersten Lebensjahr unabhängig von ihren Eltern erfolgreich brüten, aber dennoch wählt ein Anteil dieser Nachkommen, zunächst bei den Eltern zu bleiben und bei der Verpflegung der Nachkommen von späteren Bruten zu helfen. Cousin wird von ungefähr 115 Territorien vollständig abgedeckt. Dies bedeutet, dass bei einer Populationsgröße von ungefähr 320 erwachsenen Vögeln dem Nachwuchs keine freien Territorien zur Verfügung stehen.

Aber diese Sättigung des Lebensraumes ist nicht der alleinige Grund für kooperatives Brüten – schon 1973, als noch Territorien niedriger Qualität frei waren, wählten einige Individuen, bei ihren Eltern zu bleiben und zunächst auf eigene Fortpflanzung zu verzichten. Dieses Verhalten ist eine Folge indirekter und direkter Fitnessgewinne der Helfer. Ob helfende Individuen indirekte Fitnessvorteile erlangen können, hängt davon ab, ob ihre Hilfe tatsächlich den Fortpflanzungserfolg des Paares erhöht und ob die Hilfe bevorzugt nah verwandten Individuen gilt. Experimente des niederländischen Wissenschaftlers Jan Komdeur haben überzeugend nachgewiesen, dass helfende Seychellen-Rohrsänger tatsächlich den Fortpflanzungserfolg des Elternpaares erhöhen – vor allem wenn das Elternpaar auf einem Territorium hoher Qualität residiert. Ein Helfer erhöht den Fortpflanzungserfolg eines solchen Paares von durchschnittlich 0,85 auf 1,62 pro Jahr. Wenn diese Helfer stattdessen auf einem Territorium niedriger Qualität gebrütet hätten, wäre der erwartete jährliche Fortpflanzungserfolg nur 0,19 gewesen. Kooperatives Brüten lohnt sich also, wenn die Eltern ein gutes Territorium besitzen und ansonsten keine oder nur schlechte Territorien frei sind. Der Nachweis indirekter genetischer Vorteile für die Helfer gestaltet sich weitaus schwieriger. Die tatsächliche Verwandtschaft von Individuen in einem komplexen Paarungssystem mit Helfern und möglichen »nicht-ehelichen« Küken festzustellen, war bis vor wenigen Jahren nahezu unmöglich. Neue molekularbiologische Methoden erlauben mittlerweile jedoch die genetische Verwandtschaft akkurat abzuschätzen. Mit der Hilfe dieser neuen Methodik ist es gelungen nachzuweisen, dass weibliche Helfer ihre Anstrengungen bevorzugt an nah verwandte Küken wenden, während männliche Helfer weitaus weniger diskriminativ sind.

Diese indirekten Vorteile erscheinen aber wenig bedeutsam im Licht neuer Erkenntnisse über direkte Vorteile. Bisher galt als wichtigster direkter Vorteil des Helfens das Erlernen der zur erfolgreichen Aufzucht von Jungen nötigen Fähigkeiten – dies gilt vor allem für Weibchen, da nur sie das Nest bauen und die Eier bebrüten. Die Bedeutung dieses Erlernens wurde überzeugend experimentell nachgewiesen. Die molekularbiologischen Verwandtschaftsanalysen haben aber gezeigt, dass vor allem weibliche Helfer auch beträchtliche direkte Fortpflanzungsvorteile beim kooperativen Brüten gewinnen: 44 Prozent der weiblichen Helfer vermögen in den Familiengruppen eigenen Nachwuchs aufzuziehen, indem sie der Mutter Eier unterschummeln. 15 Prozent der männlichen Helfer gelingt es, sich innerhalb der Gruppe die Vaterschaft mit einigen Küken zu sichern. Insgesamt ist der Nutzen des kooperativen Brütens daher höher für Weibchen als für Männchen. Die meisten Helfer sind daher Weibchen, während Männchen in der Regel versuchen, freie Territorien zu finden.

Die Evolution sozialer Phänomene im Tierreich, ob bei eusozialen Insekten oder kooperativen Brütern, kann inzwischen mit einigen grundlegenden Modellen analysiert und erklärt werden. Bei allen komplexen sozialen Systemen im Tierreich wirken ökologische Faktoren und die Verwandtenauslese zusammen. Ökologische Faktoren sorgen dafür, dass es sich lohnt in einer Gemeinschaft zu leben, und die Verwandtenauslese formt in vielen Fällen die Kosten und Nutzen derart, dass die soziale Organisation komplexer wird.

HUMANSOZIOBIOLOGIE UND IHRE ALTERNATIVEN

Der Mensch ist wie alle anderen Organismen ein Teil der belebten Natur und daher ebenso zweifellos ein Produkt der Evolution. Warum wird die soziobiologische Betrachtung des Menschen hier jedoch in gesonderten Abschnitten vorgenommen? Diese »Sonderbehandlung« kann begründet werden, ohne dem Menschen eine absolute Sonderstellung zuzugestehen – nicht alle Soziobiologen sind allerdings davon überzeugt, dass diese Gründe genügen, um eine solche gesonderte Behandlung des Menschen zu rechtfertigen. Die umstrittenen Gründe haben vor allem mit dem komplexen Phänomen des kulturellen Wandels zu tun. Soziobiologische Theorien bauen auf der Verbindung von ökologischen Faktoren und den reproduktiven Konsequenzen von Verhaltensoptionen auf. Kultureller Wandel hat möglicherweise viele dieser Verbindungen gekappt oder unwichtig gemacht. Nichtsdestotrotz lohnt sich ein soziobiologisch motivierter Blick auf die reproduktiven Konsequenzen menschlichen Verhaltens – wenn auch nur, um die Grenzen dieser Betrachtungsweise aufzuweisen.

Bonobos sind von der Venus und Schimpansen vom Mars – Zur Soziobiologie zweier Primatenarten

Der Mensch ist ein evolutionärer Waise. Es gibt keine nah verwandten zeitgenössischen Arten der Gattung *Homo*, die in einer vergleichenden Untersuchung genutzt werden könnten. Alle unsere vormals zahlreichen menschlichen Verwandten der Gattung *Homo* sind seit mehreren zehntausend Jahren ausgestorben. Und selbst wenn es ethisch unbedenklich wäre, mit dem Menschen manipulative Experimente durchzuführen, wären wir immer noch äußerst ungeeignete Versuchstiere: Unsere Haltung ist viel zu teuer und wir sind zu langlebig. In der vergleichenden Psychologie, der Ethologie und der Verhaltensökologie wechselten sich im Laufe der Zeit die tierischen Vorbilder ab, die Aspekte des menschlichen Verhaltens erklären sollten. Für die amerikanische Schule der vergleichenden Psychologie war die Taube als eine vielseitige »Lernmaschine« ein Modell für alle anderen Tiere, in den sechziger Jahren wurden Menschen in Großstädten mit gestressten Ratten verglichen, und Edward O. Wilson erkannte Aspekte menschlicher Gemeinschaften in Insektenstaaten wieder. Diese stammesgeschichtlich zweifelhaften Vergleiche haben seit der Pionierarbeit Jane Goodalls an Schimpansen in Tansania keine sonderlich große Legitimität mehr. Aus einer vergleichenden und experimentellen Perspektive hat sich ein Weg etabliert, Einblick in die soziale Evolution des Menschen zu gewinnen: Eine Betrachtung der sozialen Ökologie anderer Primaten.

Ungefähr 300 Primatenarten sind zur Zeit bekannt. Dazu kommen noch in etwa 500 fossile Arten. Die Primaten zeigen unter den Wirbeltieren die größte Vielfalt sozialer Strukturen. Es herrscht eine beträchtliche zwischen- und auch innerartliche Variabilität, was Gruppengröße, das zahlenmäßige Geschlechterverhältnis, Paarbeziehungen und Allianzen angeht. Die Gruppenbildung bei Primaten hat sich wahrscheinlich primär als Anpassung gegen Räuberdruck und sekundär als Antwort auf Nahrungskonkurrenz entwickelt – soziale Gruppen sind Koalitionen, um der Konkurrenz um zeitlich begrenzt verfügbare Nahrung standzuhalten. Die meisten Primatenarten leben in Gruppen, die durch Allianzen von miteinander verwandten Weibchen zusammengehalten werden. Die sexuelle Akti-

Der Schimpanse (links) und der Bonobo (rechts).

vität und Empfänglichkeit dieser Weibchen ist oft synchronisiert. Das Sozialverhalten der Männchen ist von der sexuellen Verfügbarkeit der Weibchen bestimmt. Je mehr Weibchen gleichzeitig rezeptiv sind, desto schwieriger wird es für ein Männchen, eine Gruppe von Weibchen zu monopolisieren, und es muss einen oder mehrere Nebenbuhler tolerieren. Ökologische Faktoren allein können jedoch das Sozialverhalten der Primaten nicht erklären. Bei Primaten kommt es oft zu dauerhaften Paarbeziehungen, die nicht mit Bedingungen des Lebensraums erklärt werden können. Diese sexuellen Allianzen zwischen Männchen und Weibchen sind möglicherweise auf die recht häufig vorkommenden Kindestötungen durch andere Männchen zurückzuführen. Männchen in festen Paaren agieren möglicherweise als »Bodyguards«, um Übergriffe gegen den Nachwuchs abzuwehren.

Diese Muster sind charakteristisch für viele Primatenarten, jedoch häufen sich die Ausnahmen und Besonderheiten ausgerechnet bei den nahen Verwandten des Menschen. Die nächsten lebenden Verwandten des Menschen sind die zwei Schimpansenarten und Gorillas. Vor ungefähr 6 Millionen Jahren durchstreifte der letzte gemeinsame Vorfahre von Menschen und den beiden zeitgenössischen

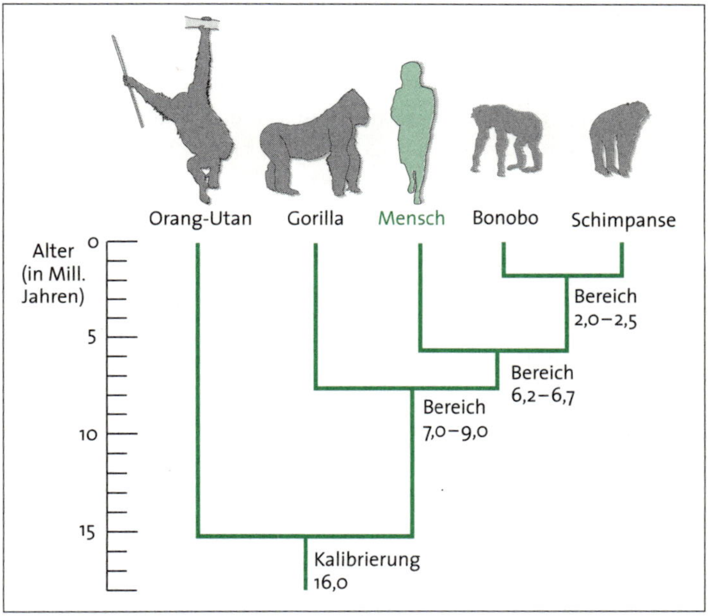

Phylogenetische Verwandtschaft der heute lebenden Hominoidea.

Schimpansenarten Afrika – die zum Gorilla führende Entwicklungslinie hatte sich ein wenig früher abgezweigt. In der Primatologie gehen die Meinungen auseinander, ob der Schimpanse *Pan troglodytes* oder der Bonobo *Pan paniscus* das beste Modell für den gemeinsamen Vorfahren abgibt. Das soziale System der Menschen scheint eine Mischung aus Schimpansen- und Bonobo-Elementen zu enthalten, und welche Elemente von Wissenschaftlern als wichtiger erachtet werden, hängt oft von nicht-wissenschaftlichen Präferenzen ab: Koalitionen von Männchen, männliche Dominanz, innerartliche Aggression und Jagdverhalten sind vielleicht Elemente, die der Schimpanse vom gemeinsamen Vorfahren geerbt hat, während der Bonobo möglicherweise Koalitionen von Weibchen und den nicht-reproduktiven Gebrauch der Sexualität übernommen hat. Dauerhafte Kernfamilien kommen nur beim Menschen vor.

Schimpansen leben in mehr oder weniger lockeren Gemeinschaften aus 20 bis 120 Individuen. Innerhalb dieser Gemeinschaften unterscheiden sich die beiden Geschlechter in Hinblick auf ihr Sozialverhalten und ihre Mobilität: im Gegensatz zu anderen Primaten sind es hier nicht die Weibchen, sondern die Männchen, die enge soziale Bindungen pflegen, untereinander verwandt sind und ein Territorium verteidigen. Das Verhalten der Weibchen hängt vor allem von deren reproduktivem Zustand ab. Weibchen machen alle vier bis sechs Wochen einen bis zu 36 Tage dauernden Östrus durch. Die Empfangsbereitschaft der Weibchen wird während des Östrus ungefähr zwei Wochen lang durch rosafarbene Schwellungen in der Genitalregion signalisiert. Während des Östrus sind Weibchen sehr gesellig und mobil, ansonsten verbringen sie die meiste Zeit mit ihren Nachkommen oder allein und beschränken sich auf kleine Territorien. Dieses Verhalten dient wahrscheinlich der Vermeidung von Konkurrenz um Nahrung. Schimpansen ernähren sich hauptsächlich von Früchten. Würden Weibchen in Gruppen nach Nahrung suchen, wären diese Nahrungsquellen schnell erschöpft und die Gruppe müsste weiterziehen. Da Weibchen ihre Nachkommen tragen, ist diese Suche nach neuen Nahrungsquellen energetisch aufwendig – daher lohnt es sich wahrscheinlich für Weibchen, ein exklusives Territorium zu besetzen. Männchen sind hingegen nahezu immer gesellig – jedoch in einer deutlichen Dominanzhierarchie organisiert – und decken bei ihren Streifzügen ein Gebiet von mehr als 10 Quadratkilometern ab. Die Männchen einer Gruppe verteidigen gemeinsam dieses Territorium, manchmal mit tödlicher Gewalt, gegen benachbarte Gruppen. Eine Schimpansengemeinschaft besteht also aus einer lockeren, ein großes Territorium teilenden Koalition, in der sich manchmal festere Untergruppen bilden. Weibchen kopulieren mehrere hundert Mal mit zahlreichen Männchen, bevor sie zum ersten Mal schwanger werden. Danach kopulieren sie mindestens 6 bis 8 Mal an den Tagen, an denen sie genitale Schwellungen aufweisen. Dieses Verhalten dient wahrscheinlich dem Schutz der erwarteten Kinder vor einer möglichen späteren Tötung durch Männchen, die sich unter diesen Umständen nicht sicher sein können, welche Kinder ihre Nachkommen sind und welche nicht.

Im Vergleich zum Schimpansen, bei denen männliche Dominanz, Mord, Kindestötung und erzwungene Kopulationen häufig vorkommen, erscheint die Welt des nah verwandten Bonobo fast wie ein Paradies, das von Weibchen dominiert wird. Bonobo-Weibchen bilden beispielsweise Koalitionen, welche aggressive Männchen in ihre Schranken weisen. Der Rang eines Männchens in einer Gruppe beruht auf dem Rang der Mutter. Weibchen zeigen kaum noch Änderungen der genitalen Schwellungen auf und signalisieren somit eine nahezu kontinuierliche Empfänglichkeit. Bonobo-Männchen können sich wahrscheinlich noch weitaus weniger ihrer Vaterschaft sicher sein als Schimpansen. Diese Unsicherheit hat wahrscheinlich die Konkurrenz zwischen Männchen abgemildert und erlaubt es den Weibchen, die sozialen Beziehungen zu kontrollieren. Bei Bonobos spielt Sex eine ungemein wichtige, über die Fortpflanzung hinausgehende Rolle. Bonobos nutzen Sex, homo- und heterosexuell, in zahlreichen sozialen Situationen. Sobald eine Gruppe beispielsweise einen fruchttragenden Baum findet, nimmt die sexuelle Aktivität innerhalb der Gruppe deutlich zu. Wenn ein junges Weibchen Aufnahme in eine Gruppe sucht, versucht sie sexuelle Beziehungen zu den Weibchen der Gruppe zu etablieren.

Es muss allerdings betont werden, dass freilebende Bonobos erst seit wenigen Jahren und von wenigen Wissenschaftlern untersucht werden. Dies kann bedeuten, dass möglicherweise viele Verhaltensweisen einfach nur noch nicht beobachtet wurden. Auch bei Schimpansen dauerte es viele Jahre, bis das volle Verhaltensrepertoire bekannt war. Es mag sein, dass im Laufe der Zeit die Unterschiede zwischen Schimpansen und Bonobos geringer erscheinen werden, aber es ist bereits deutlich, dass diese beiden Arten, obwohl sie nur durch zwei Millionen Jahre evolutionäre Geschichte getrennt sind, sehr unterschiedliche soziale Systeme aufweisen. Leider leben nur höchstens 10 000 Bonobos in den dichten Regenwäldern der Demokratischen Republik Kongo, wo sie von einigen wenigen Primatologen untersucht werden. Kriege und illegaler Holzeinschlag könnten dieser faszinierenden Art ein schnelles Ende bereiten.

Weder Schimpansen noch Bonobos oder Menschen bieten ein gutes Modell für den letzten gemeinsamen Vorfahren dieser drei Arten. Die deutlichen Unterschiede im Sozialleben zeigen, dass jede Entwicklungslinie in der Vergangenheit großen Wandel erlebt hat. Selbst unsere nächsten lebenden Verwandten können uns keine eindeutige Antwort auf die Frage geben, welche unserer Verhaltensmerkmale Relikte unserer Primatenvergangenheit sind.

Sexuelle Auslese und menschliche Paarungssysteme

Einige als grundsätzlich betrachtete Unterschiede zwischen den beiden Geschlechtern bilden das Fundament zahlreicher soziobiologischer Theorien: Weibchen investieren viel Energie und Zeit in ihren Nachwuchs, während Männchen in der Regel einen weitaus geringeren Aufwand betreiben. Weibchen können daher ihren Fortpflanzungserfolg maximieren, indem sie bei der Partnerwahl wählerisch sind, darauf achten, dass Männchen im Besitz wichtiger Ressourcen oder hochqualitativer Gene sind und dass ihr Nachwuchs somit die bestmöglichen Startbedingungen ins Leben hat. Männchen sollten weniger wählerisch sein – sie maximieren ihre Fitness, indem sie versuchen, sich mit so vielen Weibchen wie möglich zu paaren. Für Soziobiologen besteht zunächst einmal kein Grund anzunehmen, dass dieses, die Grundlage für sexuelle Auslese und die Ausformung von Paarungssystemen bildende Muster, nicht auch für Menschen gilt. Zahlreiche Studien scheinen zu belegen, dass Frauen bei Männern Eigenschaften wie finanziellen Wohlstand attraktiv finden, während Männer nach jungen – und damit fruchtbaren – Frauen Ausschau halten. Diese Muster sind möglicherweise universell, doch verbergen sich darin deutliche kulturelle Unterschiede. Zum Beispiel werden die Altersunterschiede zwischen Partnern umso geringer, je ökonomisch gleichberechtigter Frauen sind. Die Suche von Frauen nach »guten Genen« wurde angeblich in einigen Studien nachgewiesen, doch ist die Interpretation der Ergebnisse umstritten.

Das Immunsystem ist wie ein Code, das Organismen vor den Angriffen von Parasiten und anderen Krankheitserregern schützt. Parasiten gleichen Hackern, die beständig versuchen, diesen Code zu knacken. Ein Organismus sollte daher bei sich und seinen Nachkommen nicht zu lange auf ein und denselben Code als Schutz gegen Krankheitserreger vertrauen. Wenn eine Frau einen Partner wählt, dessen »Immuncode« so unterschiedlich wie möglich vom eigenen ist, dann erhöht sie mit der Mischung der beiden elterlichen Codes bei der sexuellen Fortpflanzung die Chancen ihres Nachwuchses, robust gegen Infektionen zu sein. Bei Mäusen wurde nachgewiesen, dass Weibchen Partner bevorzugen, deren an der Immunabwehr beteiligte Gene so unterschiedlich wie möglich sind. Diese MHC-Gene (»major histocompatibility complex«) beeinflussen auch den Geruch des Urins und machen auf diese Weise eine Beurteilung des Genotyps eines anderen Individuums möglich. Ein Versuch bei Menschen zeigte, dass Frauen bei einem Geruchstest ebenfalls die getragenen T-Shirts von Männern bevorzugen, die sich beim MHC-Typus von ihnen unterscheiden. Es ist allerdings noch völlig unklar, auf welchem Mechanismus dieses Ergebnis beruht – das menschliche MHC-System produziert kein flüchtiges Molekül, das vom Geruchssinn wahrgenommen werden könnte. Außerdem zeigen populationsgenetische Studien in Südamerika keine deutlichen Hinweise auf MHC-abhängige Partnerwahl.

Die Soziobiologie versucht wie tierische auch menschliche Paarungssysteme auf ökologische Bedingungen zurückzuführen. Viele traditionelle menschliche Gesellschaften sind polygyn, das heißt ein Mann kann exklusiven sexuellen Zugang zu mehreren Frauen haben. Eine Untersuchung der Eheform in 849 menschlichen Gesellschaften zeigt, dass 708 polygyn sind. Eine klassische soziobiologische Erklärung der Polygynie lautet, eine Monopolisierung von Ressourcen erlaube Männchen, sexuellen Zugang zu mehr als einem Weibchen zu gewinnen. Beim Menschen könnte ein Szenario so aussehen: Wenn ein Mann, der bereits eine Partnerin hat, mehr als doppelt so viele Ressourcen hat als ein Junggeselle, dann sollte eine Frau den bereits verheirateten Freier wählen. Diese Theorie wurde bei den Kipsigis, einem Volk in Kenia, von der Anthropologin Monique Borgerhoff Mulder überprüft. Männer haben bei diesem Volk in der Regel zwei bis vier Frauen, manchmal aber sogar bis zu zwölf Partnerinnen. Ehefrauen und Kinder sind von den auf dem Land des Mannes geernteten Erträgen und dem Tierbestand abhängig. Männer »erwerben« ihre Ehefrauen von deren Eltern zu einem Preis, der von der erwarteten Fruchtbarkeit der Frau abhängt. Wenn Frauen einen Partner auswählen können, dann wählen sie in der Regel denjenigen, der die meisten Ressourcen zur Verfügung stellen kann. Die ist nicht immer der Mann mit der größten Farm – die Entscheidung hängt auch davon ab, wie viele Frauen der Mann bereits hat. Wohlhabende Männer haben in der Regel mehr Ehefrauen.

In diesem Fall scheint das klassische Erklärungsmodell der Soziobiologie zuzutreffen, eine Beobachtung kompliziert die Lage allerdings. Monogam verheiratete Frauen haben mehr überlebende Kinder als polygyn verheiratete. Frauen vermögen in diesem System vielleicht nicht, eine optimale Entscheidung zu treffen. Sie können nicht wissen, wie viele zukünftige Partner ihr Ehemann nehmen und welcher Anteil der Ressourcen ihnen zur Verfügung stehen wird. Bei den Kipsigis beruhen die Kosten der Polygynie für Frauen wahrscheinlich auf dieser Unsicherheit. Polygynie kann aber auch mit Zwang durchgesetzt werden und daher für Frauen suboptimal sein. Bei den Dogon aus Mali leiden Kinder aus polygynen Familien unter einer höheren Mortalität als Kinder aus monogamen Familien. Hier gibt es Hinweise, dass Männer Frauen zur Polygynie zwingen können und Frauen dadurch gehindert werden, ihre fitnessmaximierende Strategie zu wählen.

Besondere Aufmerksamkeit wurde den wenigen polyandrischen menschlichen Gesellschaften zuteil. Im Hochland Tibets kommt es manchmal vor, dass Brüder mit einer Frau verheiratet sind. In den Dörfern, in denen solche Ehen vorkommen, gibt es nur kleine Parzellen kultivierbaren Landes, die von einer harschen, kalten Wüste umgeben sind. Jede Familie baut auf diesem Land Feldfrüchte an und hält einige Tiere. Normalerweise erbt der älteste Sohn das Land, manchmal wird das Land auch zwischen Brüdern geteilt. Unterhalb einer bestimmten Größe kann ein Hof allerdings keine Familie ernähren. Unter solchen Umständen mag es sich für Brüder lohnen, gemeinsam eine Frau zu heiraten und gemeinsam das Land zu bebauen. Frauen in solchen polyandrischen Ehen haben mehr Nachkommen als monogame Frauen. Allerdings profitieren nicht alle Ehemänner auf die gleiche Weise von der Polyandrie. Der älteste Bruder hat in der Regel privilegierten Zugang zur Ehefrau und ist der Vater der meisten Kinder. Sobald sich jüngeren Brüdern die Möglichkeit öffnet, auf eine andere Weise ihren Lebensunterhalt zu verdienen, verlassen sie daher diese polyandrischen Beziehungen. Dieses Beispiel zeigt, dass die Teilbarkeit des Familienvermögens ein Faktor bei der Ausbildung von menschlichen Paarungssystemen ist.

Elterlicher Aufwand

Mit einem Partner gezeugter Nachwuchs ist bei sich sexuell fortpflanzenden Organismen der einzige Weg, Gene in die nächste

Generation weiterzugeben. Daher lohnt es sich für Eltern in der Regel, Zeit und Energie zu investieren, um dem Nachwuchs einen vielversprechenden Start ins Leben zu ermöglichen – dies bedeutet natürlich nicht, dass in jedem Fall die Interessen der Eltern und des Nachwuchses unter allen Bedingungen zusammenfallen (**Konflikte** S. 116 **zwischen Eltern und Nachwuchs**). Mehr als jedes andere Lebewesen zeichnen sich Menschen durch eine lange Periode der sozialen Abhängigkeit in der ersten Lebensphase aus. Diese Abhängigkeit von Erwachsenen hat zwei wichtige Ursachen: Menschen benötigen ungemein große Gehirne, und dieses Organ benötigt in der Kindheit viel Energie zum Wachstum und zur Erhaltung. Bei Primaten bilden wahrscheinlich die hohen kognitiven Ansprüche eines komplexen Soziallebens einen Auslesedruck für große Gehirne und für eine lange Kindheit. Bei Menschen sind diese Ursachen zu einem Extrem getrieben: Menschen haben ein Gehirn, das sechsmal größer ist, als es die Körpergröße im Vergleich mit anderen Primaten erwarten lässt, und Kinder brauchen mehr als ein Jahrzehnt, um alle nötigen sozialen und kulturellen Fähigkeiten zu erlernen. Kinder bis ins fortpflanzungsfähige Alter zu bringen ist also mit enormen Investitionen verbunden, die optimal aufgeteilt werden müssen. Zwei Beispiele sollen hier soziobiologische Theorien des optimalen elterlichen Aufwandes illustrieren: der demographische Übergang und das Schicksal von Stiefkindern.

Der demographische Übergang beschreibt das Phänomen, dass Gesellschaften sich von einem Zustand hoher Fruchtbarkeit und hoher Sterblichkeit zu einem Zustand niedriger Fruchtbarkeit und manchmal niedrigerer Sterblichkeit wandeln. Länder der industrialisierten Welt machten diesen Wandel im 19. Jahrhundert durch. Diese Verringerung der Familiengröße geschah in Perioden sich verbessernder Lebensbedingungen, wurde im Allgemeinen von reichen oder aristokratischen Familien eingeleitet und begann vor der allgemeinen Verfügbarkeit von Verhütungsmitteln. Diese Tatsachen stellen die Soziobiologie auf den ersten Blick vor ein Problem: ein adaptives Verhalten des Menschen sollte doch wohl zu einer höheren Fruchtbarkeit unter besseren Lebensbedingungen führen? Diese Vermutung berücksichtigt aber nicht die ökologischen und sozialen Bedingungen, unter denen die Nachkommen aufwachsen müssen. Angenommen, einem Organismus steht eine bestimmte Menge an Energiereserven für die Fortpflanzung und elterliche Pflege zur Verfügung. Diese begrenzte Energie kann entweder in viele oder aber in wenige Nachkommen investiert werden. Der demographische Übergang lässt sich vielleicht damit erklären, dass sich unter den Bedingungen einer industrialisierten Wohlstandsgesellschaft die optimale Aufteilung des elterlichen Aufwandes geändert hat. In diesen Gesellschaften zählen Fertigkeiten, die in einer langen und teuren Erziehungs- und Ausbildungszeit erworben werden. Es lohnt sich für Eltern, ihre Ressourcen auf wenige Nachkommen zu verteilen und ihnen gute Konkurrenzmöglichkeiten zu verschaffen. Menschen folgen hier also einer vom sozialen Kontext abhängigen »plastischen« Fortpflanzungsstrategie: Gene bestimmen nicht einen festen und unabänderlichen Phänotyp, sondern eine so genannte Reaktionsnorm – je nach Umweltbedingungen ändert sich die Strategie, so dass unter so vielen unterschiedlichen Bedingungen wie möglich der Fortpflanzungserfolg maximiert wird. Leider wird die Annahme, dass der demographische Übergang auf einem solchen plastischen, adaptiven Mechanismus beruht, nicht von empirischen Studien unterstützt. Eine Studie aus den USA zeigt, dass der demographische Übergang nicht die langfristige Anzahl der Nachkommen maximiert. Allerdings ist die Untersuchung des demographischen Übergangs mit großen methodischen Problemen verbunden, so dass dieses negative Ergebnis als vorläufig betrachtet werden muss.

Besondere Aufmerksamkeit erregten die Studien der in Kanada tätigen Bio-Psychologen Margo Wilson und Martin Daly über Gewalt gegen Stiefkinder. Daten über häusliche Gewalt zeigen, dass Stiefkinder ein dreimal höheres Risiko haben, misshandelt oder getötet zu werden, als biologische Kinder. Wilson und Daly erklären dieses Muster mit der Theorie des optimalen elterlichen Aufwandes. Die natürliche Auslese sollte das elterliche Verhalten so formen, dass die knappen Ressourcen unter den Nachkommen in einer fitnessmaximierenden Weise verteilt werden. Diese Zuteilungsentscheidungen sollten unter anderem auf der wahrgenommenen genetischen Verwandtschaft mit dem Nachwuchs beruhen. Mütter können sich in den meisten Fällen sicher sein, dass der Nachwuchs in der Familie auch 50 Prozent ihrer Gene trägt (eine Ausnahme sind Nachkommen von Brutparasiten wie dem Kuckuck). Bei Vätern kann diese Sicherheit weitaus geringer sein. Selbst wenn Weibchen sozial monogam sind, sind sie bei vielen Arten regelmäßig genetisch polygam. Väter sollten also ihren Pflegeaufwand von der vermuteten Verwandtschaft mit den Nachkommen des Paares abhängig machen. Stiefelterliche Beziehungen sind ein besonderer Fall: Wenn ein Stiefelter in eine Familie eintritt, dann ist dieser Person klar, dass keines der vom anderen Partner in die Beziehung eingebrachten Kinder seine Gene in die nächste Generation weitertragen wird. Wenn der Stiefelter mit dem neuen Partner dann noch eigene Kinder hat, dann lässt die Theorie des optimalen elterlichen Aufwandes erwarten, dass Ressourcen zu Gunsten des genetischen Nachwuchses verteilt werden, und Gewalt kann eine Folge der Vernachlässigung von Stiefkindern sein.

Kritik an der Soziobiologie des Menschen

Die ideologische Schlacht um die Soziobiologie wurde nie wirklich zu Ende geschlagen, sie verlosch langsam, ohne einen eindeutigen Sieger hervorzubringen. Einige hitzköpfige Verteidiger und Kritiker kämpfen an den Rändern immer noch um die Deutungsvormacht, ohne allerdings in der Öffentlichkeit oder an Universitäten meist allzu großen Eindruck zu hinterlassen. In der Biologie konzentrieren sich die meisten Wissenschaftler auf das Studium von Tieren und meiden den Menschen als Untersuchungsobjekt. Die Psychologie und die Sozialwissenschaften haben disziplinären Traditionen die Treue gehalten, in denen evolutionäre Sichtweisen, wie von der Soziobiologie vertreten, keine Rolle spielen. Ab und zu flammen Gegensätze wieder heftiger auf, wie zum Beispiel beim Auftritt der Evolutionären Psychologie, und alte Positionen werden unter größerer öffentlicher Aufmerksamkeit wiederverwertet.

Hier sollen jedoch innerwissenschaftliche Kritikpunkte an der Soziobiologie im Vordergrund stehen. Ziel der Darstellung ist zu zeigen, dass die Soziobiologie Wilson'scher Prägung ernsten und legitimen methodischen und konzeptuellen Kritiken ausgesetzt ist, die sich beim Studium des Menschen besonders deutlich zeigen. Eine Kritik der Humansoziobiologie bedeutet aber natürlich keineswegs, dass eine evolutionäre Deutung des Menschen prinzipiell ausgeschlossen wird. Diese kritischen Perspektiven zielen oft darauf ab, eine in ihren Augen fundiertere wissenschaftliche Grundlage für das evolutionäre Studium des Menschen bereitzustellen. Manche Perspektiven problematisieren jedoch ausdrücklich die Wechselwirkung zwischen Politik, Ideologie und vorgeblich objektiven wissenschaftlichen Inhalten – besonders bedeutsam ist in diesem Zusammenhang das Verhältnis von Feminismus und Soziobiologie. Diese Kritik widmet sich vor allem dem sozialen Kontext, in dem wissenschaftliche Erkenntnis gewonnen wird, und der Spuren in Konzepten, Methoden, Fragestellungen und Antwortversuchen hinterlässt.

Eine bedeutsame wissenschaftsinterne Kritik richtet sich gegen den Trend in der Soziobiologie, einen Organismus als ein Mosaik unabhängiger Merkmale zu betrachten. Dies berührt ein Problem, das in der Evolutions- und Entwicklungsbiologie in den vergangenen Jahren an Bedeutung gewonnen hat: Was ist überhaupt ein biologisches Merkmal? Eine Antwort auf diese Frage lautet, ein Merkmal sei ein Teil des Phänotyps, der eine von anderen Merkmalen unabhängige evolutive Geschichte hat. Diese einsichtig und einfach klingende Definition stellt aber besondere und schwer nachzuweisende Anforderungen an die Entwicklungsmechanismen, die in der Individualentwicklung wirken: So sollten genetische Schaltkreise, die zur Entwicklung unabhängiger Merkmale beisteuern, verhältnismäßig wenige Überschneidungen aufweisen. Wenn Humansoziobiologen über die Evolution von Partnerwahl, Fortpflanzungsentscheidungen oder altruistischen Handlungen spekulieren – Verhaltensmerkmale, deren Individualentwicklung völlig im Dunkeln liegt –, dann wird damit impliziert, diese Verhaltensmerkmale könnten unabhängig voneinander betrachtet werden. Ist aber beispielsweise ein Verhalten wie die menschliche Aggression tatsächlich ein einheitliches Merkmal mit einer von anderen, verwandten Verhaltensmerkmalen unabhängigen evolutiven Geschichte? Beim Studium von Primaten war es beispielsweise lange Zeit üblich, Jagdverhalten mit innerartlicher Aggression zu vergleichen. Diese beiden Verhaltensformen haben aber nicht notwendigerweise eine gemeinsame stammesgeschichtliche Wurzel. S. 100 Ein weiteres Beispiel bietet das **Gefangenendilemma**: Die Spieler in diesem Spiel müssen sowohl kooperieren als auch bestrafen können. Sind »Kooperation« und »Bestrafung« zwei unabhängige Merkmale oder zwei Aspekte eines Merkmals? Solange unklar ist, wie solche Verhaltensmerkmale in der Individualentwicklung entstehen, muss eine solche Frage unbeantwortet bleiben. Diese Kritikpunkte lassen einige Ergebnisse in einem anderen Licht erscheinen. Die Arbeiten von Daly und Wilson zum Schicksal von Stiefkindern gehen davon aus, dass Menschen einen adaptiven Mechanismus besitzen, der dafür sorgt, dass Ressourcen mit Rücksicht auf den Verwandtschaftsgrad des Empfängers verteilt werden. Solch ein Verhaltensmuster könnte aber auch Folge vergleichsweise unspezialisierter psychologischer Mechanismen sein, die in vielen anderen Kontexten ebenfalls eine Rolle spielen. Menschen entwickeln in der Regel besondere Verhältnisse mit Personen, mit denen sie gemeinsam aufwachsen oder mit denen sie als Erwachsene von Geburt an vertraut sind. Diese Bindungen beeinflussen beispielsweise Partnerwahlentscheidungen – Menschen wählen Partner, die vertrauten Menschen ein wenig, aber nicht zu ähnlich sehen – oder die Entscheidung, mit wem reziproke Wechselwirkungen eingegangen werden. Stiefkinder lernen ihren Stiefelter meist in vergleichsweise fortgeschrittenem Alter kennen, und ein Aufbau einer tiefen emotionalen Beziehung ist oft schwierig. Gewalt gegen Stiefkinder ist vielleicht nicht das Ergebnis einer spezifischen Anpassung, sondern die Folge von Mechanismen, die uns vertraute Menschen, ob tatsächlich nah verwandt oder nicht, bevorzugt behandeln lässt. Ein solcher unspezialisierter psychologischer Mechanismus ist jedoch wahrscheinlich ein Produkt der natürlichen Auslese, denn die Nutznießer dieser Mechanismen sind in der Regel nah verwandte Individuen. Studien zur Partnerwahl beim Menschen müssen sich auch einer solchen Kritik stellen. Diese Studien nehmen an, dass die entsprechenden Vorlieben rein in Hinblick auf Sexualität und Fortpflanzung definiert sind, und betrachten diese Vorlieben daher völlig eindimensional. In den meisten Gesellschaften sind das Schicksal und die Aspirationen von Frauen immer noch in vielen oder allen Aspekten an den ökonomischen Status des Partners gebunden. Es sollte also nicht verwundern, wenn nicht-sexuelle Betrachtungen bei der Partnerwahl eine wesentliche Rolle spielen.

Eine Besonderheit des Menschen ist seine ausgeprägte Fähigkeit, kulturelle Traditionen zu schaffen, weiterzugeben und zu modifizieren. Das »Vererbungssystem« Kultur arbeitet nicht notwendigerweise im Interesse von Genen. Sexuelle und andere Beziehungen sind immer von kulturellen Traditionen mitgeformt. Die weiter oben vorgestellten Fallstudien zu menschlichen Paarungssystemen bauen auf der klassischen Soziobiologie auf und verbinden Partnerwahlentscheidungen mit ökologischen Bedingungen. Diese Perspektive übersieht also völlig die Rolle von kulturellen Überlieferungen. In vielen ähnlichen Umwelten existieren jedoch völlig unterschiedliche Verhaltenstraditionen, auch was Familien- und Verwandtschaftsstrukturen betrifft. Eine Untersuchung an 277 zeitgenössischen afrikanischen Gesellschaften zeigte, dass kulturelle Merkmale am besten mit der Geschichte, der Tradition der Gesellschaften, nicht – wie es die soziobiologische Theorie erwarten lässt – mit den vorherrschenden Umweltbedingungen erklärt werden können. Dieses Ergebnis deutet an, dass viele Verhaltensmerkmale des Menschen großteils durch soziale Weitergabe und nicht durch Anpassung an Umweltbedingungen erhalten werden. Die Soziobiologie betrachtet Gemeinschaften als Produkt von Entscheidungen egoistischer Akteure, die nicht durch Traditionen oder Geschichte eingeschränkt sind. Ein solches Menschenbild ist zweifellos naiv – kollektive kulturelle Traditionen eröffnen und beschränken Verhaltensoptionen und setzen Belohnungen und Bestrafungen für Verhaltensentscheidungen fest.

Die nun folgenden Kritikpunkte haben einen Weg für populäre alternative Betrachtungsweisen geöffnet. Die Soziobiologie macht keine Unterscheidung zwischen Anpassungen und adaptiven Verhaltensweisen. Anpassungen sind Merkmale, die direkt von der natürlichen Auslese geformt wurden. Adaptive Verhaltensweisen sind einfach nur aktuell nützliche Verhaltensweisen, die möglicherweise sogar den Fortpflanzungserfolg von Individuen positiv beeinflussen können, aber nicht notwendigerweise direkt von der Auslese geformt wurden. Die Fähigkeiten, lesen und schreiben zu können, sind in modernen Gesellschaften sicherlich adaptiv, sind aber höchstwahrscheinlich keine Anpassung. Lesen und Schreiben sind wahrscheinlich »Nebenprodukte« von anderen mentalen Fähigkeiten, die im Verlauf der menschlichen Evolution ausgelesen wurden. Unser Verlangen nach zuckerreicher, süßer Nahrung ist hingegen wahrscheinlich eine Anpassung, aber heute in Wohlstandsgesellschaften nicht mehr adaptiv. Die menschliche Evolution fand in Umwelten statt, in denen Zucker eine seltene Ressource war. Ein psychologischer Mechanismus, der dazu führt, dass Zuckerquellen mit Genuss bis zum letzten ausgenutzt werden, konnte also durchaus einen Auslesevorteil besitzen.

Diese Betonung von psychologischen Mechanismen, die unser Verhalten an Umstände anpassten, die vor mehr als hunderttausend Jahren herrschten, ist der Ausgangspunkt einer Schule, die sich als eine logische Weiterentwicklung der Soziobiologie betrachtet – die Evolutionäre Psychologie. Andere Alternativen zur Soziobiologie haben in den vergangenen Jahren ebenfalls von sich hören lassen – so vor allem die Memetik und Theorien der Gen-Kultur-Koevolution.

Evolutionäre Psychologie, Memetik und Gen-Kultur-Koevolution

Die in den achtziger Jahren des vorigen Jahrhunderts entstandene Evolutionäre Psychologie hat sich einige klassische Kritikpunkte an der Soziobiologie zu Herzen genommen und versucht, ein kohärentes theoretisches und empirisches Forschungsprogramm zu entwerfen.

Die orthodoxe Humansoziobiologie vertraut dem phänotypischen Gambit – eine Kosten-Nutzen-Betrachtung von Verhaltensoptionen wird genutzt, um den optimalen Verhaltensphänotyp unter jeglichen Umweltbedingungen vorherzusagen. Die Humansoziobiologie nimmt an, dass Menschen unter allen Umständen ihre Fitness maximieren, ob es sich um portugiesische Adlige der Frühen Neuzeit, polygyne Kipsigis in Kenia oder arbeitstätige Frauen in Industriegesellschaften handelt. Die Evolutionäre Psychologie folgt einer anderen Erklärungsstrategie: Sie schaltet eine neue Ebene zwischen evolutionäre Prinzipien und Verhaltensphänotyp – psychologische Mechanismen, die vor zehntausenden Jahren in der so genannten

»Umwelt der evolutionären Anpassung« als Anpassungen geformt wurden und in modernen Gesellschaften adaptiv sein können, es aber nicht sein müssen.

Damals lebten Menschen als Jäger und Sammler in kleinen Gruppen in der Savanne. Gruppenverhalten, Geschlechterrollen, Schönheitsideale, unser Verhältnis zu Kindern und unsere Nahrungsvorlieben sollen Anpassungen an diese Umwelt sein. In vieler Hinsicht sei unser Verhalten archaisch und nicht adaptiv, da sich die Umwelt, in der wir leben, stark verändert hat, die biologische Evolution jedoch nicht Schritt halten konnte. Ein weiteres zentrales theoretisches Konzept der Evolutionären Psychologie ist die Modularität des menschlichen Geistes: Unser Gehirn sei ein komplexes Organ, das aus vielen spezialisierten Untereinheiten oder Modulen bestehe. So gebe es etwa ein Sprachmodul, ein Partnerwahlmodul und ein Modul zum Aufspüren von Betrügern. Evolutionäre Psychologen rechtfertigen diese Annahme mit der folgenden Analogie: Es ist mit Sicherheit möglich, ein Werkzeug zu entwerfen, das als Messer und Schere funktioniert. Höchstwahrscheinlich wird es aber keine der beiden Funktionen optimal erfüllen können. Was tun, wenn das Werkzeug noch mehr Funktionen erfüllen soll? Die Lösung liegt in der Modularisierung, wie bei Schweizer Taschenmessern: Es handelt sich nicht um ein unhandliches Allzweck-Werkzeug, sondern um ein komplexes Gebilde aus Untereinheiten, die ihre jeweilige Aufgabe nahezu optimal erfüllen können. Auch das menschliche Gehirn sei kein Allzweck-Computer, auf dem nur ein Programm läuft, das alle Probleme lösen muss, sondern spezialisierte Programme beschäftigen sich mit bestimmten nah verwandten Problemen. Und diese kognitiven Module können wie andere biologische Anpassungen studiert werden.

Der oben schon vorgestellte demographische Übergang kann beispielsweise evolutionspsychologisch erklärt werden. Eine solche Erklärung geht davon aus, dass die menschliche Psyche in Reproduktionsfragen ein äußerst »materialistisch« motiviertes Modul besitzt.

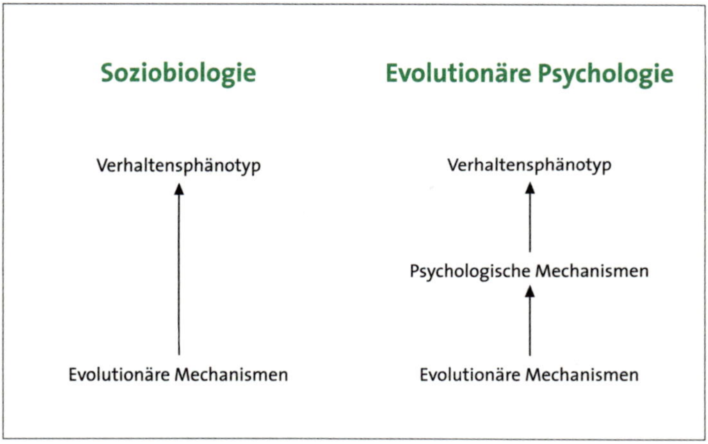

Die Soziobiologie schließt von evolutionären Wirkungsmechanismen, wie beispielsweise die natürliche oder sexuelle Auslese, direkt auf das beobachtbare Verhalten. Die Evolutionäre Psychologie betrachtet Verhalten hingegen als von psychologischen Mechanismen vermittelt und untersucht diese als Anpassungen.

Bei Völkern wie den kenianischen Kipsigis, die noch nicht den demographischen Übergang durchgemacht haben und von denen bisher angenommen wurde, dass sie die Anzahl der Nachkommen maximieren, gibt es überzeugende Hinweise darauf, dass das Reproduktionsverhalten doch von materiellen Motivationen gesteuert wird. Eine Vermutung lautet daher, Menschen seien mit einem universellen psychologischen Modul ausgestattet, der darauf ausgerichtet ist, den materiellen Wohlstand aller Nachkommen zu maximieren. In Gesellschaften wie den Kipsigis führt dieser Mechanismus zu vielen Kindern, in industrialisierten Wohlstandsgesellschaften zu wenigen Kindern.

Die Evolutionäre Psychologie erfreut sich großer Beliebtheit auf dem Markt populärer Sachbücher, hat aber in der akademischen Evolutionsbiologie nur wenige Freunde finden können. Sie kann ihre

Vermutungen nicht rigorosen experimentellen Überprüfungen unterwerfen, und zentrale theoretische Grundlagen, wie beispielsweise die Modularität, werden sehr kritisch betrachtet. Es ist auch völlig offen, ob **zeitgenössische Jäger und Sammler als Modelle prä-** S. 120 **historischer menschlicher Gemeinschaften** dienen können und Einsicht in die mentale Evolution des Menschen geben können.

Ein erster Versuch, die autonome Dynamik kulturellen Wandels aus quasi-biologischer Sicht zu beschreiben, stammt von Richard Dawkins. In seinem Buch *The Selfish Gene* spekuliert Dawkins über eine zweite Klasse von Replikatoren neben den Genen, die Meme. Meme sind Fähigkeiten oder Ideen, die beispielsweise durch Imitation von einem Individuum zum anderen weitergereicht werden und auch mutieren können. Ihr selektiver Vorteil ist die Leichtigkeit, mit der sie erlernt oder imitiert werden können. Sie erfüllen damit auf abstrakte Weise die Voraussetzungen für evolutiven Wandel. Der memetische Wandel folgt denselben Regeln wie genetischer Wandel, doch sind die beiden Prozesse völlig entkoppelt: Meme nehmen keine Rücksicht auf die Interessen der Gene. Diese Theorie hat jedoch nur wenige Anhänger gefunden. Meme sind nicht sonderlich geeignete Replikatoren für einen kumulativen kulturellen Wandel: Sie sind sehr mutationsfreudig, und daher sind lang andauernde kulturelle Traditionen, die auf Memen basieren, sehr unwahrscheinlich. Zudem sind Mem-Mutationen wahrscheinlich gerichtet und nicht zufällig wie genetische Mutationen: Memetischer Wandel ist daher wohl eher lamarckistisch und darüber hinaus von Absichten der Mem-Träger gesteuert.

Auch die Memetik hat für den demographischen Übergang eine mögliche Erklärung parat. Sie nimmt an, dass Meme nicht den reproduktiven Interessen von Individuen dienen. Merkmale können sich in einer Population verbreiten, obwohl sie den Reproduktionserfolg mindern, wenn sie sich durch Nachahmung weiterverbreiten. In einer von Konkurrenz bestimmten Marktwirtschaft sind erfolgreiche und einflussreiche Individuen oft kinderlos und dienen als Modelle für andere. Eine indiskriminative Imitation des Verhaltens dieser Individuen kann zu einer niedrigen Fertilität in der breiteren Bevölkerung führen. Dieser Erklärungsversuch lässt allerdings völlig offen, warum die erfolgreichen Individuen eine geringe Kinderzahl wählen.

Der letzte wichtige Anwärter auf den Platz der Humansoziobiologie ist die Theorie der Gen-Kultur-Koevolution. Diese Theorie betrachtet im Gegensatz zur Mem-Theorie, wie genetische und kulturelle Evolution wechselwirken. Ein klassisches Beispiel dieser Theorie ist die Evolution der Laktose-Toleranz beim Menschen. Seit über 6000 Jahren spielen Milchprodukte eine wichtige Rolle bei unserer Ernährung. Vor dieser Zeit waren die meisten Menschen nicht in der Lage, den energiereichen Milchzucker aufzunehmen, da die Aktivität des Laktose-abbauenden Enzyms Laktase zu gering war. Es gab jedoch eine erbliche, genetische Variabilität der Fähigkeit, Laktose abzubauen. Mit dem Beginn der Domestikation von milchproduzierenden Tieren erhielten Individuen mit einer hohen Laktase-Aktivität einen Auslesevorteil. Nach mehr als 300 Generationen ist in menschlichen Populationen ein Muster zu erkennen: Populationen, die eine ungebrochene Tradition des Genusses von Milchprodukten haben, bestehen zu mehr als 90 Prozent aus Individuen, die Laktose aufnehmen können, ohne zu erkranken. Bei Populationen ohne diese Tradition liegt ihr Anteil bei nur 20 Prozent. Andere Arbeiten zeigen, dass die Tradition des selektiven Tötens von weiblichem Nachwuchs einen Auslesedruck auf das numerische Geschlechtsverhältnis bei der Geburt ausüben kann. Die wichtige Schlussfolgerung aus solchen Arbeiten ist, dass kulturelle Traditionen die Auslesebedingungen für Gene ändern können, während Gene bestimmen können, welche Traditionen und Fähigkeiten mehr oder weniger leicht erlernt werden. Modelle der Gen-Kultur-Koevolution sagen eine komplexe Dynamik genetischen und kulturellen Wandels voraus und sind schon deshalb realistischer als die Vorhersagen und Analysen der Soziobiologie, der Evolutionären Psychologie und der Memetik.

Anders als die Soziobiologie und die Evolutionäre Psychologie sind die Memetik – trotz offensichtlicher ernsthafter Schwächen – und Theorien der Gen-Kultur-Koevolution besser mit der tatsächlichen kulturellen Vielfalt des Menschen vereinbar. Vor allem die Evolutionäre Psychologie setzt auf die Identifikation von menschlichen Universalien, das heißt psychologische Mechanismen, die ausnahmslos bei allen Menschen vorkommen. Zwar sind diese Universalien plastisch – so mag es sein, dass bei der Partnerwahl universell Männer mit Status bevorzugt werden, dass aber Status kultur- und zeitspezifisch bestimmt ist. Besonders bei Entscheidungen, die direkte Folgen für den Fortpflanzungserfolg haben, sollten universelle psychologische Mechanismen zu finden sein. Doch in der Ethnologie und Anthropologie häufen sich immer mehr Beispiele, die vielfältige Muster bei Partnerwahl und Geschlechterrollen dokumentieren. Diese Muster lassen sich nur unter großen Schwierigkeiten soziobiologisch oder evolutionspsychologisch deuten und zeigen, dass sich auch das westliche Vokabular von »Familie« oder »Heirat« und Vorstellungen von Verwandtschaftsbeziehungen und Geschlechterrollen nicht verallgemeinern lassen. Die Lahu in Südchina praktizieren eine vollständige Gleichberechtigung der Geschlechter. Das Volk der Na an der chinesisch-tibetanischen Grenze ist ein gut dokumentiertes Beispiel für eine Kultur ohne Väter und Familien: Sowohl Männer als auch Frauen haben zahlreiche heimliche nächtliche sexuelle Begegnungen, es existiert kein Treueideal, keine Eifersucht, und lang andauernde Paarbindungen werden verspottet. Brüder und Schwestern leben ihr gesamtes Leben zusammen und ziehen die Nachkommen gemeinsam auf. Da die Vaterschaft der Kinder völlig unsicher ist, kann es bei den Na durchaus zu Inzucht kommen – das Paarungssystem verhindert damit die angebliche Universalie der Inzuchtvermeidung. Auch in westlichen Industriegesellschaften werden die Grenzen von Konzepten wie der Familie immer weiter gefasst. In diesen Gesellschaften wurde Verwandtschaft meist rein genetisch definiert. Diese Definition wird jedoch von Praktiken wie die der Eizellen- und Samenspende und der Leihmutterschaft herausgefordert. Das Verhältnis von Eltern und Nachwuchs ist in solchen Fällen sozial definiert, und elterlicher Aufwand richtet sich wie bei Adoptionen nicht nach dem biologischen Verwandtschaftsgrad. Dies ist nur eine kleine Auswahl von Beobachtungen, die demonstrieren, dass eine rein biologische Betrachtungsweise, wie von der Soziobiologie und Evolutionären Psychologie vertreten, bei Menschen schnell an Grenzen stößt.

Die Humansoziobiologie, Evolutionäre Psychologie und Memetik bieten allumfassende Visionen von den Ursachen menschlichen Verhaltens an. Leider bieten diese Disziplinen oft nur plausibel klingende Geschichten als Erklärungen an, die kaum experimentellen oder vergleichenden Überprüfungen unterzogen werden können. Besonders die Evolutionäre Psychologie hat sich einen theoretischen Deutungsrahmen geschaffen, der sie nahezu unwiderlegbar macht. Für jede experimentelle Beobachtung kann ein nicht überprüfbares Szenario aus der Frühzeit des Menschen vorgebracht werden, das die Ergebnisse sinnvoll und notwendig erscheinen lässt. Humansoziobiologie und Evolutionäre Psychologie versuchen zu zeigen, was angeblich die wahre, von einem kulturellen Überbau nicht verunreinigte Natur des Menschen ist. Dabei übersehen die Vetreter dieser Disziplinen nur allzu oft, dass Kultur und die Fähigkeit zum kulturellen Wandel ebenfalls ein fundamentales Element des menschlichen »Naturzustandes« ist. Theorien der Gen-Kultur-Koevolution versprechen am ehesten, die unglückliche Teilung von »Natur« und »Kultur« überwinden zu können.

VERTIEFUNGEN

Erblichkeit

Der Begriff »Erblichkeit« trägt in der Evolutionsbiologie und der Züchtungsgenetik eine technische Bedeutung, die nur wenig mit dem alltäglichen Sprachgebrauch zu tun hat. Erblichkeit sagt nichts darüber aus, wie wichtig die Rolle von Genen bei der Entwicklung eines Merkmales ist. Dieses Maß beschreibt, welche Ursachen die Variabilität eines Merkmales hat und wie wirksam die Auslese auf die erbliche Komponente der Variabilität sein kann.

Angenommen, ein Merkmal, zum Beispiel die Körpergröße, ist variabel in einer Population. Diese Streuung des Merkmals kann mathematisch mit dem Wert der Varianz – definiert als die Summe der quadrierten Abweichungen vom Mittelwert – erfasst werden. So hat die Zahlenfolge 5, 4, 6, 8, 2 den Mittelwert 5 und die Varianz $(5-5)^2 + (4-5)^2 + (6-5)^2 + (8-5)^2 + (2-5)^2 = 0 + 1 + 1 + 9 + 9 = 20$. Die Variabilität eines Merkmals wird verursacht durch genetische und umweltbedingte Faktoren. Manche Genversionen stellen möglicherweise außergewöhnlich wirksame Wachstumshormone her, und eine besonders gute Ernährung in der Kindheit resultiert ebenfalls in einer überdurchschnittlichen Körpergröße. Die Gesamtvarianz V_T eines Merkmals ist die Summe der genetischen Varianz V_G und der umweltbedingten Varianz V_U. Die genetische Varianz kann noch in verschiedene weitere Komponenten aufgeteilt werden, zum Beispiel die additiv genetische Varianz V_a oder die epistatische Varianz V_e. Die additive Varianz ist eine Folge der von anderen Genen unabhängigen additiven Genwirkungen, die epistatische Varianz eine Folge der Wechselwirkung von Genen. Erblichkeit – die auch als h^2 bezeichnet wird – ist der Anteil der Gesamtstreuung, der auf die additiv genetische Varianz zurückgeführt werden kann, denn nur die additiven, und nicht die epistatischen, Genwirkungen »überleben« die Neukombination von Genen während der Fortpflanzung. Erblichkeit ist mathematisch definiert als $h^2 = V_a/V_T$. Der Wert der Erblichkeit liegt daher immer zwischen 0 und 1. Je höher die auf additive genetische Varianz zurückführbare Erblichkeit, desto schneller kann ein Merkmal auf natürliche oder künstliche Auslese reagieren.

Ein sehr wichtiger Punkt ist, dass Erblichkeit ein auf der Ebene der Population definierter Wert ist. Das gleiche Merkmal kann in einer Population erblich sein, in einer anderen jedoch nicht. Werden zum Beispiel exakte genetische Kopien eines Organismus, Klone, unter verschiedenen Bedingungen aufgezogen, dann ist jegliche Variabilität notwendigerweise umweltbedingt und kein Merkmal erblich. Werden hingegen genetisch variable Individuen unter völlig identischen Bedingungen aufgezogen, dann ist die gesamte Varianz genetisch bedingt und die Erblichkeit aller variablen Merkmale beim maximalen Wert 1. Merkmale, die keine oder kaum Variabilität – und wenn, dann meist umweltbedingte Variabilität – aufweisen, beispielsweise die Zahl der Finger, Beine oder Arme bei Menschen, sind im Sinne der evolutionären Genetik nicht erblich, obwohl Gene eine zentrale Rolle bei ihrer Entwicklung spielen.

Erblichkeiten können bei Tieren und Pflanzen mit Hilfe von Kreuzungen berechnet werden, bei Menschen werden Stammbaum- und Zwillingsanalysen verwendet, die neuerdings auch mit molekularbiologischen Genomanalysen verbunden werden. Gemäß Zwillingsstudien betragen Erblichkeiten für Persönlichkeitsmerkmale und psychische Erkrankungen des Menschen in der Regel 0,5 und für Intelligenz bis zu 0,8. Andere Methoden resultieren hingegen in deutlich niedrigeren Erblichkeiten für Intelligenz. Werden soziale und kulturelle Faktoren stärker berücksichtigt, liegen Erblichkeitswerte zwischen 0,2 und 0,5. Alle Erblichkeitswerte bei Menschen müssen wegen solcher methodischer Schwierigkeiten mit größter Vorsicht gedeutet werden.

Fitness

Fitness ist die einheitliche »Währung«, in der evolutionärer Erfolg gemessen wird: Die Strategie mit der höchsten Fitness setzt sich im Überlebenskampf langfristig durch. Doch hinter dem Begriff »Fitness« verbergen sich einige beträchtliche konzeptuelle und empirische Schwierigkeiten. Es ist beispielsweise nicht immer klar, auf welcher Ebene Fitness definiert ist und ob das Zählen von Nachkommen immer genügt.

Fitness ist nicht auf der Ebene von Individuen definiert, sondern auf der Ebene von Lebensstrategien – Individuen sind nur Repräsentanten solcher Strategien. Diese Strategien beschreiben unter anderem den grundsätzlichen Lebenszyklus von Individuen: In welchem Alter wird die Fortpflanzungsreife erreicht? Wachsen Individuen nach dem Erreichen der Fortpflanzungsreife weiter, wie beispielsweise Fische, oder hört, wie bei Säugetieren, das Wachstum auf? Soll ein Organismus seine für die Fortpflanzung zur Verfügung stehende Energie und Zeit auf viele oder auf wenige Nachkommen aufteilen? Die Einsicht, dass Fitness eine Eigenschaft von Strategien ist, hat Bedeutung, da sie einen alten Vorwurf gegen den Mechanismus der natürlichen Auslese wirksam entkräften kann, den Vorwurf der Tautologie: Fit ist, wer überlebt und sich fortpflanzt, und wer überlebt und sich fortpflanzt, ist fit. Fitness sei somit gleichzeitig Ursache und Folge und nicht unabhängig fassbar. Wird Fitness allerdings als Eigenschaft einer Strategie verstanden, löst sich die Tautologie auf. Die Organismen, die einer Strategie folgen, haben eine gewisse Überlebenswahrscheinlichkeit und eine gewisse Wahrscheinlichkeit sich fortzupflanzen. Diese Werte definieren eine erwartete, mittlere Fitness der Strategie. Selbst wenn ein Repräsentant der Strategie vorzeitig vom Blitz getroffen wird und ohne Nachkommen stirbt, hat die von dem Individuum repräsentierte Strategie weiterhin einen statistisch definierten Erwartungswert.

Die detaillierte Definition von Fitness hängt von der spezifischen ökologischen und genetischen Situation des betrachteten Organismus ab. Im einfachsten Fall – gültig für einjährige asexuelle Organismen, die in einer unendlich tragfähigen Umwelt leben – ist die Wachstumsrate λ einer Lebensstrategie, das heißt die erwartete Anzahl der bis zur Fortpflanzungsreife überlebenden Nachkommen, ein angemessenes Maß für den evolutionären Erfolg. Langfristig wird eine Population von der Strategie mit der höchsten erwarteten Wachstumsrate λ dominiert (sofern $\lambda > 1$ ist, denn jedes Individuum muss sich ersetzen – wenn λ kleiner ist, stirbt die Strategie aus). Dieser einfachste Fall ist jedoch recht unrealistisch, besonders da angenommen wird, dass Populationen unbegrenzt wachsen können. Wenn die Schnelligkeit des Populationswachstums dichteabhängig ist, dann gewinnt die Strategie mit der höchsten Tragekapazität. Die Tragekapazität einer Strategie beschreibt die Populationsdichte, bei der wegen innerartlicher Konkurrenz die Wachstumsrate auf 0 gesunken ist.

Diese angegebenen Maße sind mathematisch recht unproblematisch, doch führen sie zu zahlreichen subtilen Problemen. So lassen sich beispielsweise für das gleiche Problem verschiedene legitime Wachstumsraten definieren, die jedoch zu völlig unterschiedlichen Schlussfolgerungen führen. Als theoretisch befriedigendste Lösung hat sich inzwischen eine spieltheoretische Charakterisierung von Fitness durchgesetzt. Solche Methoden untersuchen die Rate, mit der sich eine seltene neue Strategie in einer etablierten Population durchsetzt. Die fitteste Strategie ist diejenige, die eine Population resistent gegen eine Invasion jeder möglichen alternativen Strategie macht.

In der Praxis sind Verhaltens- und Soziobiologen meist darauf angewiesen, den Lebenszeitfortpflanzungserfolg von Individuen zu messen. Dieses Maß berücksichtigt aber leider nicht den Zeitpunkt der Geburt und die Qualität des Nachwuchses. Wenn ein Individuum in einer wachsenden Population lebt, so lohnt es sich, früh im Leben Nachwuchs zu haben. Denn dann kann der Nachwuchs schneller durch eigene Kinder weitere »Zinsen« anhäufen. In von Jahreszeiten geprägten Umwelten ist oft bedeutsam, wann im Jahresverlauf Nachwuchs gezeugt wird. Bei Vögeln hat beispielsweise Nachwuchs, der früh im Sommer geboren wird, meist weitaus bessere Qualität und Überlebenschancen als Spätgeborene. Empirisch festgestellte Fitness-Werte sind für Organismen mit komplexen Lebenszyklen daher meist mit großer Vorsicht zu genießen.

Evolutionär stabile Strategien

Eine evolutionär stabile Strategie ist ein Phänotyp, der, wenn nahezu alle Mitglieder einer Population dieser Strategie folgen, resistent gegen die Invasion jeder möglichen anderen Strategie ist (es müssen nicht alle Mitglieder der Population der Strategie folgen – es kommen immer seltene Mutanten vor, die sich je nach ihren Fitnesswerten ausbreiten können oder nicht).

Angenommen, in einer Population kommen zwei Strategien A und B vor. Vor der Fortpflanzung stehen sich zwei zufällig gewählte Mitglieder der Population in einer Auseinandersetzung gegenüber. Jedes dieser beiden Individuen erhält eine »Belohnung«; diese Belohnung E ist die von der Auseinandersetzung verursachte Änderung des erwarteten Fortpflanzungserfolges und wird in der Spielmatrix zusammengefasst. Wenn A gegen B spielt, dann wird die Belohnung für A mit $E(A,B)$ bezeichnet. Nun sei A die häufigste Strategie in der Population und B kommt in einer geringen Häufigkeit p vor, die nur wenig größer als 0 ist. Dann lautet die Fitness der Strategien A und B, $W(A)$ und $W(B)$, wie folgt

$$W(A) = (1-p)E(A,A) + pE(A,B)$$
$$W(B) = (1-p)E(B,A) + pE(B,B)$$

Die beiden Terme *pE(A,B)* und *pE(B,B)* sind sehr klein (da *p* nahe 0 ist) und können getrost vernachlässigt werden. Die Strategie *A* ist eine ESS, wenn *W(A)* größer als *W(B)* ist, das heißt also, wenn *E(A,A)* größer als *E(B,A)* ist (ESS-Bedingung 1).

Es kann aber auch vorkommen, dass *E(A,A) = E(B,A)* ist. Dann spielen die beiden letzten, vorher vernachlässigten, Terme die entscheidende Rolle: Strategie *A* ist eine ESS, wenn *E(A,A) = E(B,A)* und wenn gleichzeitig *E(A,B)* größer als *E(B,B)* ist (Bedingung 2).

Ein Blick auf die Spielmatrix des Falken-Tauben-Spiels (vgl. S. 17) unter Anwendung von ESS-Bedingung 1 zeigt, dass weder Falke noch Taube evolutionär stabile Strategien sind:

	Falke	*Taube*
Falke	−2	2
Taube	0	1

Hier gilt *E(Falke,Falke) = −2* ist kleiner als *E(Taube,Falke) = 0* und *E(Taube,Taube) = 1* ist kleiner als *E(Falke,Taube) = 2* – keine der beiden reinen Strategien ist resistent gegen eine Invasion der alternativen Strategie.

Wenn jedoch gemischte Strategien erlaubt werden, hat auch dieses Spiel eine ESS. Eine gemischte Strategie bedeutet, dass von jedem Individuum bei einer Auseinandersetzung die Falken-Strategie mit einer Wahrscheinlichkeit *Z* und die Tauben-Strategie mit einer Wahrscheinlichkeit *1–Z* gespielt wird. Diese gemischte Strategie wird als *M* bezeichnet. Die Aufgabe ist, einen Wert für die Wahrscheinlichkeit *Z* zu finden, der *M* zu einer ESS macht.

Eine ESS kann wie folgt gefunden werden: Wenn in einer Population aus *M*-Individuen ein Individuum bei einer bestimmten Auseinandersetzung die Falken-Strategie spielt, dann muss es genau die gleiche erwartete Belohnung bekommen, als wenn es stattdessen die Tauben-Strategie gespielt hätte. Wenn dies nicht der Fall wäre und beispielsweise die Falken-Strategie eine höhere Belohnung erwarten könnte, könnten Falken eine *M*-Population verdrängen und *M* wäre keine ESS.

Eine notwendige Bedingung für eine gemischte ESS lautet daher *E(Falke,M)* = *E(Taube,M)*. Mit den Belohnungen der obigen Spielmatrix und wenn Falke mit der Wahrscheinlichkeit *Z* und Taube mit der Wahrscheinlichkeit $1-Z$ gespielt hätte, lautet diese Gleichung nun:

$$ZE(Falke,Falke) + (1-Z)E(Falke,Taube) =$$
$$ZE(Taube,Falke) + (1-Z)E(Taube,Taube) =$$
$$-2Z + 2(1-Z) = 0Z + 1(1-Z)$$

Aus der letzten Gleichung folgt $Z=1/3$, das heißt mit dieser Wahrscheinlichkeit wird bei jeder Auseinandersetzung die Falkenstrategie gespielt. Es muss aber darüber hinaus auch noch die schon oben angeführte Bedingung 2 für ein ESS gültig sein (da *E(M,M)* = *E(Falke,M)* = *E(Taube,M)*). In unserem Beispiel gilt, dass *E(M,Falke)* größer als *E(Falke,Falke)* und *E(M,Taube)* größer als *E(Taube,Taube)* ist. Damit sind alle Bedingungen erfüllt und die gemischte Strategie *M* ist eine ESS.

Das Gefangenendilemma

Das Gefangenendilemma wurde in den fünfziger Jahren des vorigen Jahrhunderts von den beiden in der RAND Corporation tätigen Wissenschaftlern Mercill Flood und Melvin Dresher entwickelt. In der Evolutionsbiologie hat dieses Spiel eine geradezu erstaunliche Karriere erlebt, da es einen hervorragenden Einstieg bietet für Untersuchungen zur Evolution von Kooperation. Angenommen, zwei Verdächtige *A* und *B* in einem Kriminalfall werden getrennt von der Polizei verhört. Jeder der beiden Verdächtigen kann entweder jegliche Aussage verweigern, das heißt mit dem anderen Verdächtigen kooperieren, oder aber den anderen verpfeifen. Die Belohnungen in diesem Spiel sind wie folgt definiert: Die Polizei hat genügend unabhängige Beweise, jeden der beiden für ein Jahr hinter Gitter zu stekken – dies ist das Ergebnis, wenn beide Verdächtige miteinander kooperieren und die Aussage verweigern (*R*). Wenn jeder den anderen verpfeift, müssen beide drei Jahre ins Gefängnis (*P*). Schweigt der eine Verdächtige und sein Partner wälzt alle Schuld auf ihn ab, dann wird der »Informant« freigelassen (*T*) und sein Mittäter muss 5 Jahre ins Gefängnis (*S*). Die folgende Tabelle fasst die Belohnungen für Verdächtigen *A* zusammen:

Spieler A \ *Spieler B*	*Kooperation*	*Verrat*
Kooperation	$R = 1$	$S = 5$
Verrat	$T = 0$	$P = 3$

Diese Tabelle zeigt, dass der Verdächtige *A* seinen Partner, was auch immer dieser tut, immer verraten soll – *T* ist besser als *R* und *P* ist besser als *S*. Diese Logik gilt leider aber auch für den Verdächtigen *B*. Als Folge landen beide für drei Jahre im Gefängnis, obwohl gegenseitige Kooperation mit einer einjährigen Strafe weitaus besser gewesen wäre. Hier lässt sich das berühmte Theorem von John Nash anwenden: Es gibt für jeden Mitspieler eine Nash-Strategie, die den größtmöglichen Gewinn bringt, vorausgesetzt, alle anderen Mitspieler verfolgen ihrerseits ebenfalls ihre eigene Nash-Strategie. In diesem Fall liegt ein Nash-Gleichgewicht vor: Wenn ich den anderen verpfeife, bin ich besser dran, als wenn ich das nicht tue. Für den anderen gilt das Gleiche. Die Strategie des beiderseitigen Verrats ist also ein Nash-Gleichgewicht. Verrat ist auch dann die beste Strategie, wenn beide Spieler wiederholt eine ihnen bekannte Anzahl von Runden gegeneinander spielen.

Zahlreiche soziale, wirtschaftliche und politische Situationen folgen dem Aufbau des Gefangenendilemmas. Wenn beispielsweise zwei Länder Zollschranken aufbauen, kann dies beiden Handelspartnern schaden. Es lohnt sich jedoch nicht, einseitig die Schranken abzuschaffen. Die so genannte »Tragödie der Allmende« ist ein weiterer klassischer Fall. Wenn natürliche Ressourcen jedem potentiellen Nutzer frei zugänglich sind, dann lohnt es sich für jeden dieser Nutzer, die Ressource maximal auszunutzen. Eine freiwillige Selbsteinschränkung bietet den anderen Nutzern nur eine Gelegenheit, mehr von der Ressource für sich zu beanspruchen. Dieser Mechanismus kann beispielsweise die Überfischung von Fischbeständen erklären.

In einem evolutiven Kontext, wenn die gleichen Spieler eine unbekannte Anzahl von Runden aufeinandertreffen und die Häufigkeit verschiedener Strategien von ihrem Erfolg abhängt, eröffnet sich die Möglichkeit der Kooperation. 1981 ließen Robert Axelrod und William Hamilton in einem Computerwettbewerb verschiedene Strategien gegeneinander antreten. Als beste Strategie erwies sich die »Wie-du-mir-so-ich-dir«- oder »tit-for-tat«-Strategie (TFT). Diese Strategie kooperiert beim ersten Spiel und kopiert dann die vom Spielpartner im vorigen Spiel gewählte Option. Drei Eigenschaften erklären den Erfolg der TFT-Strategie: Sie ist »nett«, da sie nie als Erste abtrünnig wird, sie ist erbarmungslos, da sie sofort Vergeltung sucht, und sie ist verzeihend, da sie frühere Abtrünnigkeiten des Partners nach einer Runde vergisst. Diese Ergebnisse zeigen, dass Gefangendilemmata in sozialen Umfeldern vermieden werden können, in denen eine nicht zu große Anzahl von Spielern sich gegenseitig kennen und frühere Interaktionen erinnern können. Empirische Arbeiten haben gezeigt, dass »Tragödien der Allmende« selten sind, wenn begrenzte natürliche Ressourcen durch verhältnismäßig übersichtliche Gruppen von Nutzern kollektiv verwaltet werden. Abtrünnige Nutzer sind unter diesen Umständen leicht identifizierbar und können wirksam sanktioniert werden.

Aus dem Tierreich gibt es einige wenige mögliche Beispiele für Gefangenendilemmata. Bei manchen Fischarten bewegen sich ab und zu einige Individuen von ihrem Schwarm weg, um einen potentiellen Räuber auszukundschaften. Empirische Arbeiten haben gezeigt, dass die Belohnungen der Verhaltensoptionen von Kundschaftern möglicherweise dem klassischen Gefangenendilemma entsprechen. Für jeden Fisch ist es besser, im sicheren Schwarm zu bleiben und zu hoffen, dass ein Fisch sich vorwagt. Wenn aber keiner der Fische bereit ist, Kundschafter zu sein, geraten alle Fische in eine größere Gefahr.

Die Evolution der Sexualität

Eine sehr weite Definition von Sexualität besagt, dass es sich dabei um den Vorgang handelt, bei dem ein neuer Organismus gebildet wird, der Gene von zwei Elternorganismen trägt. Diese Definition umfasst Erscheinungen wie den Austausch von Erbmaterial bei Bakterien und die Fortpflanzung des Menschen. Hier soll aber nur die sexuelle Fortpflanzung betrachtet werden, wie sie bei Eukaryoten – das sind Lebewesen, deren Zellen einen membranumschlossenen Kern besitzen – durch die folgenden Merkmale charakterisiert ist: (1) Es findet ein Wechsel zwischen einer haploiden Phase, den Keimzellen, mit einem einfachen und einer diploiden Phase mit einem doppelten Chromosomensatz statt. (2) Es geschieht ein Austausch von Genen zwischen den beiden Partnern eines Chromosomenpaares (Rekombination), wodurch Individuen mit neuen Genotypen geschaffen werden können.

Die Tatsache, dass sexuelle Fortpflanzung so weit im Tier- und Pflanzenreich verbreitet ist, wird oft als eines der größten Rätsel der Evolutionsbiologie beschrieben. Die Existenz der Sexualität ist rätselhaft, da sie enorm »teuer« ist. Diese Kosten haben zwei Komponenten: Zum einen bricht die Rekombination vorteilhafte Genkombinationen auseinander, die sich im »Kampf ums Überleben« bewährt haben. Zum zweiten ist die Produktion von Männchen ein teures Unterfangen. Sich ungeschlechtlich fortpflanzende Weibchen können doppelt so viele Töchter produzieren wie konkurrierende Weibchen, welche die Hälfte ihres Fortpflanzungsaufwandes auf Männchen verschwenden müssen, die oft nicht mehr als Spermien zur Fortpflanzung beitragen.

Warum ist also sexuelle Fortpflanzung so weit verbreitet? Am Ende des 19. Jahrhunderts schlug der Freiburger Biologe August Weismann vor, dass Sexualität vorteilhaft sei, da sie ständig neue Variationen, den Rohstoff der Evolution, zur Verfügung stelle. Durch Rekombination entstünden einige Individuen, die außerordentlich »fitte« Genkombinationen tragen und die zu einer beschleunigten Evolution beitragen. Diese Hypothese lässt jedoch offen, welcher Mechanismus Organismen tatsächlich »fit« macht. Warum sind manche Genkombinationen besonders gut und andere nicht? In den vergangenen Jahren haben sich zwei Klassen von Antwortversuchen als besonders tragfähig erwiesen: ökologische Modelle und Mutationslast-Hypothesen.

Das zurzeit populärste ökologische Modell beruht auf einer Idee, die der Evolutionsbiologe Leigh Van Valen 1973 nach einer Gestalt aus Lewis Carrolls *Alice hinter den Spiegeln* (1872) die »Rote Königin« taufte. Von ihr erfährt Alice, dass man so schnell wie nur möglich rennen muss, um an der gleichen Stelle zu bleiben. Vor allem der einflussreiche und exzentrische britische Biologe William D. Hamilton war ein prominenter Verteidiger dieses Modells. Er schlug vor, Sexualität als eine Antwort auf Parasitenbefall zu deuten. Parasiten stehen unter einem Auslesedruck, den häufigsten Genotyp in einer Population von Wirtsorganismen erfolgreich infizieren zu können. Der Wirt kann aber durch Rekombination beständig neue Genotypen schaffen, die möglicherweise eine größere Resistenz gegen den Parasiten haben. Auf den Parasiten lastet, sobald ein resistenter Genotyp

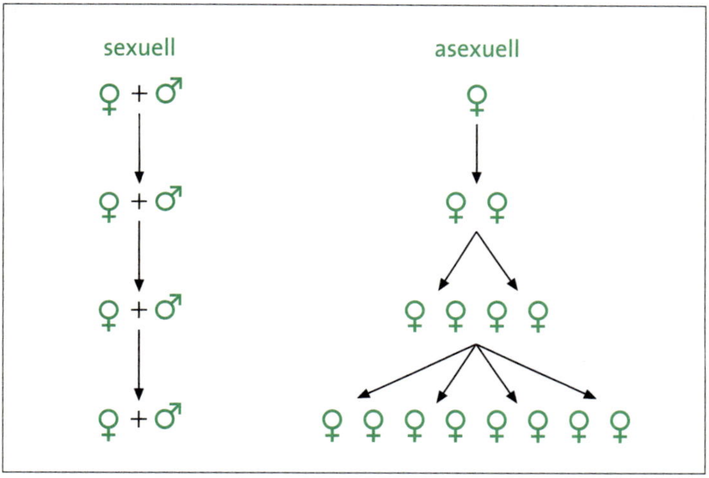

Die Produktion von Männchen verringert das potentielle Wachstum der Population im Vergleich zu einer asexuellen Population. Dies ist eine Komponente der evolutionären Kosten der geschlechtlichen Fortpflanzung.

auftaucht, ein neuer Auslesedruck, sich der Lage anzupassen. Sexualität bleibt also erhalten, weil sie den Wirtsorganismen erlaubt, den Parasiten immer ein wenig voraus zu sein – völlig entfliehen können sie ihnen aber nicht. Beide Populationen sind in einem evolutionären Wettrüsten gefangen. Sie müssen sich ständig wandeln, ohne dass eine Partei je einen großen Vorsprung erringen kann.

Die Mutationslast-Hypothese besagt, dass Sexualität schädliche Mutationen aus dem Genom entfernen hilft. Die Neuverteilung von Genen bei Rekombination kann dazu führen, dass einige Nachkommen eine überdurchschnittlich hohe Anzahl von solchen schädlichen Mutationen tragen und eine starke Verminderung ihres Überlebens- und Fortpflanzungserfolges erleiden müssen. Wenn diese Individuen sterben, ohne Nachkommen zu hinterlassen, verschwinden auch die Mutationen aus der Population. Dieser Mechanismus funktioniert besonders gut, wenn schädliche Mutationen wechselwirken, wenn eine so genannte synergistische Epistasie auftritt. Dies bedeutet, dass jede zusätzliche schädliche Mutation zu einer stärkeren Minderung der Fitness beiträgt als die vorige.

Es ist eine große Herausforderung, Daten zu finden, welche die eine oder die andere Hypothese unterstützen oder eindeutig falsifizieren. Einige Beobachtungen unterstützen ökologische Hypothesen. Die Schnecke *Potamopyrgus antipodarum* besteht aus Populationen, in denen sexuelle und asexuelle Formen gemeinsam vorkommen. Der Anteil der sexuellen Individuen ist umso größer, je höher die Parasitenbelastung ist. Weiterhin gelingt es Parasiten besser, häufige Genotypen der Schnecke zu infizieren. Durch sexuelle Fortpflanzung erzeugte seltene Genotypen können daher Parasiten das Leben schwer machen. Die Mutationslast-Hypothese ist immer noch sehr umstritten. Frühe Berechnungen zeigten, dass eine außerordentlich hohe Mutationsrate benötigt wird. Solch hohe Raten konnten aber bisher noch nicht empirisch nachgewiesen werden. Neuere, realistische Berechnungen, die sexuelle Auslese und die Populationsstruktur berücksichtigen, zeigen aber, dass frühere Berechnungen zu pessimistisch waren. Wahrscheinlich muss bei der Erklärung der Sexualität eine pluralistische Vorgehensweise gewählt werden. Möglicherweise bezahlen Parasiten einen Teil der hohen Kosten, die Entfernung der Last schädlicher Mutationen den restlichen Teil.

Spermienkonkurrenz

Der Begriff Spermienkonkurrenz beschreibt den direkten Wettbewerb von Spermien verschiedener Männchen um die Befruchtung der Eizellen eines Weibchens. Bei Arten mit innerer Befruchtung geschieht Spermienkonkurrenz, wenn Weibchen im Laufe eines Fortpflanzungszyklus mit mehr als einem Männchen kopulieren, bei Arten mit äußerer Befruchtung, wenn mehrere Männchen gleichzeitig ihre Spermien in der Nähe eines Weibchens freisetzen. Der Begriff Spermienkonkurrenz bezieht sich auch auf Anpassungen, die als Folge der Konkurrenz entstehen, und auf jegliche andere Folgen, wenn ein Weibchen mit mehreren Männchen kopuliert.

Die Spermienkonkurrenz ist ein Teil der sexuellen Auslese, der nach der Kopulation stattfindet. Die Bedeutung der Spermienkonkurrenz wurde erkannt, als immer mehr Studien zeigten, dass die Weibchen vieler Arten mit mehr als einem Männchen pro Fortpflanzungszyklus kopulieren. Seither wird in der Soziobiologie zwischen genetischen und sozialen Partnern unterschieden. So ist beispielsweise das Blaumeisenweibchen sozial monogam – sie geht für die Länge der Brutsaison eine Paarbindung mit einem einzigen Männchen ein –, aber genetisch oft polyandrisch. Die Brut enthält daher Nachwuchs von der gleichen genetischen Mutter, aber verschiedenen genetischen Vätern. Die Häufigkeit solcher »unehelicher« Kinder liegt bei sozial monogamen Vögeln zwischen 0 und nahezu 70 Prozent mit einem mittleren Wert von 14 Prozent.

Vor allem bei Insekten und Vögeln sind die Mechanismen der Spermienkonkurrenz gut bekannt. Bei beiden Gruppen ist in der Regel das Männchen, das zuletzt mit einem Weibchen kopuliert hat, im Vorteil. Dieser Erfolg des letzten Männchens wird durch zahlreiche verschiedene Mittel erreicht. Bei der Taufliege *Drosophila* töten toxische Substanzen im Ejakulat von früheren Kopulationen anwesende Spermien. Viele Libellen entfernen mechanisch die Spermien von konkurrierenden Männchen. Bei allen untersuchten Vogelarten ist ein anderer Mechanismus am Werk. Ein kleiner Anteil der Spermien eines Ejakulats, nur 1 bis 2 Prozent, werden vom Weibchen in einer Speicherstruktur gelagert. Der Rest der Spermien geht verloren. Im Verlauf der nächsten 10 bis 20 Tage werden die gespeicherten Spermien mit einer konstanten Rate nach und nach freigegeben und wandern im Eileiter nach oben. Im so genannten Infundibulum findet dann die Befruchtung statt. Eizellen werden in einem Abstand von mindestens 24 Stunden befruchtet. Wenn ein zweites Männchen das Weibchen befruchtet, dann folgen die Spermien demselben Weg. Aber zu jedem Zeitpunkt sind im Speicher mehr Spermien vom zweiten als vom ersten Männchen vorhanden. Je größer der zeitliche Abstand zwischen den beiden Befruchtungen, desto erfolgreicher ist das zweite Männchen.

Bei Säugetieren sind die Muster unklarer. Dies liegt vor allem daran, dass Säugetierweibchen in der Regel keine Spermien speichern und es somit nur wenig Gelegenheit für Konkurrenz gibt.

Die Spermienkonkurrenz hat zahlreiche Merkmale der männlichen und weiblichen Reproduktionsorgane geformt. Männliche Merkmale stehen unter widersprüchlichen Auslesedrücken: Zum einen bevorteilt die Auslese Merkmale, die helfen, die Eier von bereits gepaarten Weibchen zu befruchten, zum anderen sind Merkmale im Vorteil, die Befruchtungsversuche von Konkurrenten abwehren können. Aus diesem Grund sind verschiedenste Merkmale an verschiedene Rollen in der Spermienkonkurrenz angepasst. Männchen von Arten, die stärker von der Spermienkonkurrenz betroffen sind, haben vergleichsweise große Hoden. Bei Insekten und Wirbeltieren hat der Penis oft Merkmale, die bei der Entfernung konkurrierender Spermien helfen. Und auch Spermien zeigen eine bemerkenswerte Vielfalt in ihrer Größe und Struktur – es ist allerdings nicht klar, wie diese Merkmale den Ausgang der Spermienkonkurrenz beeinflussen.

In den vergangenen Jahren wurde immer deutlicher, dass auch Weibchen von der Spermienkonkurrenz profitieren können – sie können beispielsweise Männchen mit hoher genetischer Qualität auswählen. Die Weibchen vieler Arten haben die physiologische Fähigkeit entwickelt, in ihrem Reproduktionstrakt zwischen den Spermien verschiedener Männchen zu unterscheiden. Die Struktur des weiblichen Fortpflanzungsapparates ist allem Anschein nach oft mit dem Ziel gestaltet, die Konkurrenz der Spermien anzuheizen. Diese Form der sexuellen Auswahl wird als kryptische Weibchenwahl bezeichnet.

Spermienkonkurrenz bei der Heckenbraunelle. Vor der Kopulation hebt das Weibchen seine Schwanzfedern und das Männchen pickt an der exponierten Kloake, der Geschlechtsöffnung weiblicher Vögel. Während des Pickens senkt das Weibchen ihren Hinterleib und stößt einen kleinen Tropfen Flüssigkeit aus, der Spermien von früheren Kopulationen enthält.

Ehrliche Signale

Bei der Betrachtung der Kommunikation im Tier- und Pflanzenreich unterscheidet sich die Soziobiologie deutlich von der klassischen Verhaltensforschung. Signale sind Merkmale, welche für die Kommunikation zwischen Individuen genutzt werden. Kommunikation findet statt, wenn die Handlungen oder Merkmale eines Individuums das Verhalten eines anderen Individuums beeinflussen. Da die klassische Verhaltensforschung oft das »Überleben der Art« im Blick hatte und Konflikte zwischen Individuen häufig übersah, wurde auch die Evolution von Signalen meist nicht als problematisch betrachtet.

Die Eigenschaften von Signalen werden zum einen von der physikalischen Umwelt und zum anderen von der Psychologie des Empfängers geformt. Signale sind meist sehr auffällig und nur wenig variabel. Diese beiden Eigenschaften erleichtern die Wahrnehmung eines akustischen oder optischen Signals vor einem komplexen physikalischen Hintergrund. Während dieser Hintergrund jedoch recht stabil ist, sind die psychologischen Mechanismen der Signalwahrnehmung beim Empfänger einem evolutiven Wandel unterworfen. Empfänger sind unter einem Auslesedruck, den besten Nutzen von der vom Signal gelieferten Information zu machen. Die natürliche Auslese begünstigt Signale, die den Empfänger zum Wohle des Senders beeinflussen. Die Interessen von Sender und Empfänger können in manchen Fällen, zum Beispiel beim Bienentanz, zusammenfallen. Aber auch Interessenkonflikte können erwartet werden: Der Sender mag von einer Antwort profitieren, die nicht im Interesse des Empfängers ist. Ein Drohverhalten wie das Röhren von Hirschen bietet ein gutes Beispiel. Der Empfänger möchte von dem Signal eine genaue Einschätzung der Stärke seines Gegners gewinnen. Der Sender hingegen hat einen Vorteil davon, wenn er dem Empfänger mehr Stärke und Ausdauer vorspielen kann, als er wirklich aufzubringen vermag. Ein ähnlicher Mechanismus wirkt bei sexuellen Signalen zwischen Männchen und Weibchen. Männchen stehen üblicherweise unter dem Auslesedruck, viele Partner zu gewinnen, während Weibchen nach Partnern hoher Qualität suchen. Weibchen profitieren also von einer akkuraten Einschätzung der männlichen Qualität, während für Männchen eine Irreführung der Empfängerinnen vorteilhaft sein kann. In diesen beiden Fällen ist Kommunikation kein kooperativer Austausch von Information. Stattdessen findet ein evolutives Wettrüsten zwischen Sendern und Empfängern statt, und es kann auf den ersten Blick kaum erwartet werden, dass stabile, ehrliche Signale entstehen. Nichtsdestotrotz scheinen viele Signale in der Natur ehrlich und dauerhaft zu sein. Welcher Mechanismus ist dafür verantwortlich?

Wenn Signale energetisch teuer sind und Individuen sich in ihrer Fähigkeit unterscheiden, diese Kosten zu bezahlen, dann ist die Evolution von ehrlichen Signalen die Regel. Angenommen, ein männliches Balzsignal ist umso teurer zu produzieren, je niedriger die physiologische Qualität des Männchens ist. Unter diesen Umständen lohnt es sich nur für Männchen hoher Qualität, das Balzsignal zu produzieren. Männchen niedriger Qualität könnten mit einem ehrgeizig ausgeprägten Signal zwar auch mehr Weibchen anlocken, aber dieser Nutzen würde nicht die hohen Kosten der Signalproduktion aufwiegen.

Signale können aber auch durch soziale Kosten ehrlich gehalten werden. Bei vielen Vogelarten, zum Beispiel beim Hausspatzen oder dem Fliegenschnäpper, werden Auseinandersetzungen oft durch so genannte »Statussymbole« – farbige Federflecken, deren Größe individuell verschieden ist – entschieden. Diese farbigen Federn haben keine allzu großen physiologischen Produktionskosten, doch erleiden Individuen mit großen Flecken ständige Schikanierungen von dominanten Individuen. Diese soziale Bestrafung hält untergebene Individuen davon ab, große Flecken zu entwickeln.

Kontroversen um die sexuelle Auslese

Die Theorie der sexuellen Auslese scheint sexuelle Stereotypen zu bestätigen: Männchen neigen zu sexuellen Abenteuern und Weibchen sind zurückhaltend. Die Grundlage dieser Theorie ist Batemans Regel, die besagt, dass das Geschlecht, das viel Energie und Zeit in die Nachkommen investiert, bei der Partnersuche wählerisch sein sollte, und dass innerhalb des Geschlechts, das wenig investiert, starke Konkurrenz um Paarungsmöglichkeiten herrscht. Und da Spermien billig und Eier teuer sind und Weibchen meist mehr elterliche Pflege beitragen als Männchen, so ist zu erwarten, dass Weibchen wählerisch sind und Männchen untereinander konkurrieren. Diese Theorie der sexuellen Auslese scheint Unterstützung bei einigen Ausnahmen zu finden: bei Seepferdchen investiert das Männchen viel Zeit und Energie in die Fortpflanzung, und folgerichtig ist das Männchen wählerisch und Weibchen konkurrieren untereinander.

Diese Theorie steht allerdings vor einigen Problemen. Es häufen sich Beobachtungen, dass Weibchen, zum Beispiel von Fruchtfliegen und Mäusen, untereinander konkurrieren und Männchen wählerisch sind, ohne dass Rollen bei der elterlichen Pflege umgekehrt sind. Auch Primaten bieten eindrucksvolle Beispiele. Bei der Langurenart *Presbytis entellus* suchen untereinander aggressive Weibchen um den Eisprung herum Kopulationen mit zahlreichen Männchen. Dabei handelt sich ebenfalls nicht um einen Rollentausch wie bei Seepferdchen, denn die Weibchen nehmen immer noch den Großteil der Lasten der Nachwuchspflege auf sich. Eine Erklärung könnte die soziale Funktion der Sexualität sein: Bei vielen Primatenarten finden die Kopulationen vor den Augen aller Gruppenmitglieder statt. Kopulationen können dazu dienen, Allianzen zu pflegen und – bei Arten, bei denen häufig Kindestötungen durch Männchen vorkommen – ein Versuch sein, die Vaterschaft des Nachwuchses zu verdunkeln. Dies ist ein weiteres Beispiel dafür, dass wie bei der Spermienkonkurrenz nicht nur Männchen, sondern auch Weibchen von Promiskuität profitieren können.

Andere Herausforderungen setzen auf einer grundlegenderen Ebene an: Die Annahme, dass Spermien billig sind, mag nicht zutreffen. Für eine erfolgreiche Befruchtung einer Eizelle muss der Aufwand zur Produktion eines gesamten Ejakulats in Betracht gezogen werden, nicht der energetische Aufwand für das eine erfolgreiche Spermium. Die Weibchen mancher Arten benötigen sogar mehrere Ejakulate des gleichen Männchens, um die Befruchtung einer Eizelle sicherzustellen. Die Produktion solcher Spermienmengen kann teuer sein: Eine Untersuchung beim Fadenwurm *Caenorhabditis elegans* hat gezeigt, dass Männchen, die normale Mengen von Spermien herstellen, eine kürzere Lebenserwartung haben als Männchen, die eine kleine Menge produzieren. Dass Spermien nicht notwendigerweise billig sind, zeigt sich auch daran, dass die Männchen vieler Arten mehrere Tage benötigen, um nach einer Ejakulation wieder genügend neue Spermien herzustellen. Diese Untersuchungen lassen erwarten, dass Männchen nicht immer jede Möglichkeit zur Kopulation wahrnehmen sollten. Das Muster, dass Weibchen nach der Kopulation den Großteil der Pflege übernehmen, ist nur bei den Säugetieren stark ausgeprägt. Bei Insekten, Fischen und Vögeln ist – sofern es überhaupt elterliche Pflege gibt – das Muster vielfältiger. Die Behauptung, dass Weibchen bei der Fortpflanzung mehr Kosten als Männchen auf sich nehmen müssen, kann keine Allgemeingültigkeit beanspruchen.

Homosexuelles Verhalten entwickelt sich mehr und mehr zu einem der größten Probleme für die Theorie der sexuellen Auslese. Dieses Phänomen kann keinem im Freiland arbeitenden Biologen entgehen, aber Lehnstuhl-Theoretiker haben der Homosexualität bisher keinen Platz in ihren Arbeiten eingeräumt. Ein besonders eindrucksvolles Beispiel bieten japanische Makaken. Weibchen dieser Primatenart bilden oft gleichgeschlechtliche Paare. Die Weibchen in diesen Paaren sind sexuell ungemein aktiv – manchmal besteigen sie sich alle zwei Minuten. Es ist bisher kein möglicher Anpassungswert dieses Verhaltens bekannt, sexuelle Befriedigung ist wahrscheinlich die beste Erklärung. Wenn Männchen versuchen, sich einem Weibchen aus einem solchen Paar zu nähern, werden sie in 95 Prozent der Fälle abgewiesen. Bei Makaken mögen also nicht nur Männchen, sondern auch Weibchen um Weibchen konkurrieren. Diese Arbeiten demonstrieren, dass es auch bei Tieren problematisch sein kann, Sexualität auf die Fortpflanzungsfunktion zu reduzieren. Sie kann andere soziale Funktionen wahrnehmen, die dann Batemans Regel zu einem Prinzip mit vielen Ausnahmen machen.

Leks

Ein Lek ist eine Ansammlung von kleinen Territorien mit ihren balzenden männlichen Inhabern, die von Weibchen zur Partnersuche und zur Paarung besucht werden. Leks sind ein ungewöhnliches und seltenes Paarungssystem – im Deutschen auch als Arenabalz bezeichnet –, das zuerst bei Vögeln, dann auch bei anderen Tiergruppen beschrieben wurde. Bekannte Beispiele von arenabalzenden Vögeln sind der Kampfläufer (*Philomachus pugnax*), das Birkhuhn (*Tetrao tetrix*) und einige Paradiesvogelarten in Neu-Guinea. Der Damhirsch (*Cervus dama*) ist eines der wenigen Säugetiere mit einem Lek-Paarungssystem. Bei all diesen Arten sind die Territorien klein und enthalten keinerlei vom Weibchen benötigte Ressourcen wie Futter oder Nistmöglichkeiten.

Vögel mit Arenabalz zeigen einen hohen Grad an Unterschieden in Gestalt und Verhalten zwischen Männchen und Weibchen, einen so genannten sexuellen Dimorphismus. Dies bedeutet, dass diese Merkmale wahrscheinlich von der sexuellen Auslese gestaltet wurden. Zahlreiche Studien konnten zeigen, dass bei Leks das Potential für das Wirken der sexuellen Auslese besonders groß ist, da ein klei-

Kampfläufer bei der Arenabalz.

ner Anteil der Männchen in einem Lek fast alle Paarungen für sich beanspruchen kann und Weibchen ihre Partner frei wählen. Doch welchen Nutzen haben Weibchen von ihrer Wahl? Sie bekommen nur Gene und nichts anderes von den Männchen. Diese Problematik hat in den vergangenen drei Jahrzehnten zahlreiche Arbeiten über Mechanismen der sexuellen Auslese – besonders den Fisher-Prozess und Indikator-Mechanismen – motiviert: Genetische Untersuchungen zeigen, dass viele der männlichen sekundären Geschlechtsmerkmale erblich sind und in ihrer Ausprägung von der Qualität des Männchens abhängen.

Leks haben auch ein besonderes Interesse auf sich gezogen, weil sie das klassische Emlen-Oring-Modell der Evolution von Paarungssystemen in Frage stellen. Es scheint, als ob bei Leks die von Nahrung oder anderen Ressourcen verursachte räumliche Verteilung von Weibchen keine wichtige Ursache für die Evolution des Paarungssystems ist. Die vergleichsweise hohe Mobilität von Weibchen bei Arten mit Leks bietet jedoch einen Hinweis auf mögliche Evolutionsfaktoren. Wenn Weibchen sehr beweglich sind und über große Gebiete ziehen, gibt es, zusammen mit dem Wirken topographischer Besonderheiten, möglicherweise »Verkehrsknotenpunkte«, wo die meisten Weibchen irgendwann vorbeikommen müssen. Es kann sich also für Männchen lohnen, an diesen Knotenpunkten auf Weibchen zu warten. Die hohe Mobilität sorgt vielleicht auch dafür, dass Weibchen Ansammlungen von Männchen bevorzugen. Männchen können wenig zeitraubend verglichen werden und die Kosten der Partnerwahl werden damit minimiert. Viele Weibchen von arenabalzenden Arten bevorzugen große vor kleinen Gruppen von Männchen und unterstützen damit die Vermutung.

Konflikte zwischen Eltern und Nachwuchs

Jeder ist sich selbst am nächsten – diese Redensart kann aus einer genetischen Perspektive eine besondere Überzeugungskraft beanspruchen. Jeder Organismus hat mit sich selbst den höchst möglichen Verwandtschaftskoeffzienten $r=1$. Bei sich sexuell fortpflanzenden diploiden Organismen kommen nächste Verwandte, wie Eltern und Geschwister, auf einen Wert von höchstens 0,5. Beide Eltern, sofern sie monogam sind, sind mit all ihrem Nachwuchs zum gleichen Grad verwandt. Diese Betrachtung führte Robert Trivers 1974 zu der Einsicht, dass Eltern und Nachwuchs nicht unbedingt über die Verteilung der elterlichen Pflege einig sein sollten: jeder einzelne Nachwuchs sollte mehr Ressourcen beanspruchen als ihm zusteht, während Eltern an einer fairen Verteilung interessiert sind. Ein Eltern-Nachwuchs-Konflikt herrscht, wenn die beiden Parteien unterschiedliche Optima bei der Verteilung der elterlichen Ressourcen haben. Zentral für Trivers' Argument war die Einsicht, dass die Nachkommen aktive Teilnehmer bei ihrer eigenen Pflege sind und nicht nur passive Behälter, die von den Eltern verteilte Nahrung aufnehmen. Nachkommen sollten also Merkmale entwickeln, die ihnen die egoistische Ausbeutung der elterlichen Ressourcen erlauben. Im Gegenzug sollten Eltern sich evolutiv diesen Merkmalen widersetzen und Merkmale aufweisen, die eine faire Verteilung sichern. Trivers vermutete, dass die ihren Eltern meist physisch unterlegenen Nachkommen zu »psychologischen« Tricks greifen, um mehr abzukommen als ihnen zusteht. So können beispielsweise Küken ihre Bedürfnisse durch besonders heftiges Betteln übertreiben. Die Nachkommen selbst haben eine recht akkurate Einschätzung ihres physiologischen Zustandes. Die Eltern haben hingegen nur durch den Filter der Signale ihrer Nachkommen Zugang zu diesem Zustand und können diese nicht notwendigerweise ehrlichen Signale nicht ohne Risiko ignorieren.

Trivers' Theorie des Eltern-Nachwuchs-Konfliktes wirkte äußerst überzeugend und wurde schnell akzeptiert, doch gestalteten sich empirische Nachweise als unerwartet schwierig. Mehr oder weniger große Zankereien zwischen Eltern und Nachwuchs sind bei zahlreichen Tiergruppen gut dokumentiert, doch ob diese Kabbeleien tatsächlich große, wie von der Theorie geforderte Fitness-Kosten und -Nutzen nach sich ziehen, ist alles andere als klar. Die Einschätzung von Nachkommen als aktiven Teilnehmern bei der Ressourcenverteilung lässt zumindest hoffen, Beispiele zu finden, bei denen die Nachkommen »gewinnen« und ihre Interessen durchsetzen. Jede Art, bei denen Eltern systematisch gewisse Nachkommen bevorteilen, bietet zunächst einmal ein solches vielversprechendes Beispiel für das Wirken des von Trivers geforderten Konfliktes. Bei Vögeln sind Mechanismen der Begünstigung weit verbreitet. Viele Arten warten mit dem Bebrüten der Eier nicht, bis das Gelege vollständig ist; dies versorgt die Küken aus den zuerst gelegten Eiern mit einem wichtigen Entwicklungs- und Konkurrenzvorsprung, der manchmal zum Tod der schwächeren Küken führt. Einige Vogelarten, wie zum Beispiel der Tölpel *Sula leucogaster*, zeigen sogar eine obligate Brutreduktion – bei über 90 Prozent der Gelege stirbt das jüngste Küken entweder durch Verhungern oder wird aktiv durch ältere Geschwister getötet. Diese Beispiele scheinen tatsächlich eine überzeugende Unterstützung für die möglichen ernsthaften Fitnesskonsequenzen des Eltern-Nachwuchs-Konfliktes zu sein.

Ist eine solche Brutreduktion aber wirklich nie im Interesse der Eltern? Eine schon vor mehr als 50 Jahren von dem einflussreichen britischen Ornithologen David Lack formulierte Vermutung lautet, dass Vogeleltern mit Brutreduktionen auf die ökologische Unvorhersehbarkeit ihres Lebensraumes reagieren. Vögel müssen sich auf eine Gelegegröße festlegen, Wochen bevor es deutlich wird, wie gut die Nahrungsbedingungen für die Küken sein werden. Bei Bedarf ein zu großes Gelege zu reduzieren, hat weniger harsche evolutive Konsequenzen als zu wenige Eier zu legen und auf möglichen Fortpflanzungserfolg zu verzichten. Elterliche Vögel sind daher möglicherweise nur recht subtil bei der Ausübung auch von ihnen gewünschter Brutreduktionen – so ist mütterlicher Kannibalismus bei Nagetieren weit verbreitet. Trotz solcher Einwände kann Trivers' Theorie des Eltern-Nachwuchs-Konfliktes als recht robust, flexibel und fruchtbar betrachtet werden. Probleme mit der Theorie beruhten meist auf ungeeigneten empirischen Tests – ein Mangel, den viele neuere Arbeiten beheben.

Insektengesellschaften als »Polizeistaaten«

Oberflächlich betrachtet sind Insektenstaaten Modelle, bei denen jedes Individuum eigene Interessen zurückstellt und nur dem Gemeinwohl dient. Doch die Harmonie in diesen Gesellschaften ist nicht immer freiwillig. Denn auch in Bienen- und Ameisengesellschaften gilt, dass ein Regelbruch sich manchmal lohnen kann. Und solche Regelbrüche müssen verhindert oder – wenn sie schon geschehen sind – bestraft werden.

Die Überwachungs- und Bestrafungsmethoden sind bei Honigbienen am besten bekannt. In einer »idealen« eusozialen Gesellschaft sollten die Arbeiterinnen untereinander einen Verwandtschaftskoeffizienten von 0,75 haben. Dieser Wert gilt aber nur, wenn die Königin sich nur mit einem einzigen Männchen paart. Königinnen paaren sich allerdings mit bis zu 20 Männchen, und daher ist der durchschnittliche Verwandtschaftsgrad der Arbeiterinnen nur 0,375. Da jede Arbeiterin mit ihrem eigenen Nachwuchs die Hälfte aller Gene teilt ($r = 0{,}5$), besteht in einem Bienenstaat daher immer die Möglichkeit der Unterwanderung: Arbeiterinnen der Honigbiene wagen tatsächlich ab und zu, eigene Eier zu legen. Da sie sich aber nicht paaren können – ein von der Königin produziertes Pheromon hindert sie daran –, legen sie nur unbefruchtete Eier, die sich in männliche Bienen entwickeln. Damit verletzen sie jedoch nicht nur die Interessen der Königin, sondern auch die der anderen Arbeiterinnen. Für diese Arbeiterinnen sind die haploiden Söhne einer Kollegin nur Halbneffen mit einem Verwandtschaftsgrad von 0,125. Die Arbeiterinnen agieren daher als eine Polizei, die ständig auf der Suche nach abtrünnigen Kolleginnen ist, und bei einem Vergehen die Eier der Schuldigen sofort zerstört. Die illegitimen Eier sind identifizierbar, da die Königin ihre Eier mit einem chemischen »Etikett« versieht, das die Arbeiterinnen nicht kopieren können. Diese Form der sozialen Kontrolle kommt nicht nur bei fast allen Bienenarten, sondern auch bei manchen Wespen und Ameisen vor. Sie ist allerdings nicht immer wirksam – manchmal bricht in den Bienenstöcken Anarchie aus und alle Arbeiterinnen beginnen sich fortzupflanzen. Dies ist nur selten der Fall; in Südafrika richtet jedoch eine parasitische Bienenart in Stöcken der ökonomisch bedeutsamen Kap-Honigbiene Verwüstung an, indem sie die üblichen Kontrollmechanismen außer Kraft setzt. Die parasitischen Bienen, die sich nicht an der Arbeit im Stock beteiligen, können diploide Eier legen, aus denen weibliche Klone des Mutterorganismus schlüpfen. Die parasitische Biene benutzt wahrscheinlich auch ein gefälschtes chemisches Etikett, so dass ihre Eier nicht von den Arbeiterinnen erkannt und zerstört werden. Nach einigen Monaten ist die Kolonie nicht mehr überlebensfähig, die Parasiten ziehen weiter und setzen ihr Zerstörungswerk in einem neuen Stock fort.

Auch bei Ameisen wird die Arbeitsteilung und die soziale Hierarchie manchmal mit erbarmungslosen Methoden durchgesetzt. Die *Ponera*-artigen Ameisen leben in kleinen Verbänden mit bis zu 100 Individuen und es existieren keine festen Grenzen zwischen Königin und Arbeiterinnen. Alle Weibchen können sich geschlechtlich fortpflanzen, sind aber in einer Dominanzhierarchie angeordnet. Das sich fortpflanzende Weibchen steht an der Spitze der Hierarchie. Die Rangordnung wird unter anderem durch das Zerstören unerwünschter Eier durch eine »Polizeikraft« durchgesetzt. Es kommen aber auch andere, direktere Methoden zur Anwendung: Wenn ein junges Weibchen wagt, sich fortzupflanzen, wird sie von einigen ihrer Gefährtinnen oft tagelang festgehalten. Im besten Fall verliert sie einige Ränge in der Hierarchie, aber manchmal wird sie verstümmelt und getötet. Diese »Polizei« ist allerdings nicht immer und vorbehaltlos dem ranghöchsten Individuum hörig. Ab und zu wird bei einem Coup eine neue Königin eingesetzt, vor allem wenn die alte Amtsinhaberin an Fruchtbarkeit eingebüßt hat.

Zeitgenössische Jäger und Sammler – ein Modell prähistorischer menschlicher Gesellschaften?

Leda Cosmides und John Tooby, zwei der wichtigsten Vertreter der Evolutionären Psychologie, behaupten, das Studium von zeitgenössischen Jägern und Sammlern »eröffne einen Weg in die verborgenen Gegenden unseres Geistes«. Die Theorie, dass Jäger und Sammler wie die australischen Aborigines, die San und !Kung der Kalahari oder die Ache in Paraguay uns einen Einblick in die Lebensweise unserer Vorfahren geben, beruht auf der Überzeugung, dass ein Großteil der menschlichen Evolution in dieser Lebensweise stattgefunden habe und dass folgende Epochen viel zu kurz waren, um Spuren in unserem biologischen Erbe zu hinterlassen. So argumentieren Cosmides und Tooby, dass der Ursprung von reziprokem Altruismus in modernen Gesellschaften seinen Ursprung im Tauschverhalten in maximal 150 Personen umfassenden Jäger-und Sammler-Gesellschaften habe.

Diese Theorie setzt aber voraus, dass zeitgenössische Jäger und Sammler geschichtslose »Naturvölker« sind, die nur oberflächlich von kumulativem kulturellem Wandel berührt sind. Arbeiten über die !Kung in Südwestafrika demonstrieren, wie unzutreffend dieses Bild ist. Schon vor der Entwicklung von Landwirtschaft gab es einen intensiven Austausch von Waren zwischen verschiedenen Gruppen von Buschmännern. Dieser Austausch führte zu sozialem und technologischem Wandel und Änderungen in der Lebensweise. Seit mindestens 1000 Jahren haben die !Kung enge Kontakte mit Hirtenvölkern und seit 200 Jahren sind sie eingebunden in eine Ökonomie, die europäische Kolonialisten, Hirten und Jäger und Sammler integriert. Eine Vermutung besagt sogar, die !Kung seien keine ursprünglichen Jäger und Sammler, sondern sie seien von den aus dem Norden eingewanderten, Bantu sprechenden Hirtenvölkern in diese marginale Lebensweise gedrängt worden.

Darüber hinaus bestehen ernste Zweifel an der Nützlichkeit des Konzeptes der »Umwelt der evolutionären Anpassung«, die charakteristisch für die Lebensbedingungen von in kleinen Gruppen lebenden Jägern und Sammlern sei. Archäologische und ethnologische Arbeiten zeigen, dass es zahlreiche Arten und Weisen gibt, Jäger und

Sammler zu sein. Manche Gruppen umfassen nur 9, andere jedoch bis zu 1500 Personen. Manche Gruppen sind ortstreu und bleiben mehrere Jahre in einem eng umgrenzten Gebiet, andere wandern nach ein paar Tagen weiter. In manchen Fällen kommt nahezu die gesamte Nahrung, in anderen Fällen höchstens ein Fünftel der Nahrung von der Jagd. In der biologischen Anthropologie herrscht zur Zeit eine Kontroverse über die Frage, ob unsere Vorfahren überhaupt angemessen als Jäger und Sammler beschrieben werden sollten. Neuere Funde weisen darauf hin, dass Menschen und ihre hominiden Vorfahren Aasfresser und keine Jäger waren. Die Vorstellung, es gebe einen allgemeinen Jäger-und-Sammler-Typus, der in einer eindeutig bestimmbaren Umwelt lebte, ist mehr als zweifelhaft, und diese berechtigten Zweifel untergraben ein wichtiges konzeptuelles Fundament der Evolutionären Psychologie.

Glossar

Altruismus – In der Evolutionsbiologie eine kooperative Handlung, die dem Ausführenden Fortpflanzungs- und Überlebensnachteile verursacht. *s. S. 7, 53f., 59, 121*

Anpassung (Adaptation) – Ein Merkmal eines Organismus, das in der Gegenwart existiert, weil es den Vorfahren des Organismus beim Überleben und der Fortpflanzung half. *s. S. 6, 8ff., 16, 71, 85f., 88f., 107*

Batemans Regel – Diese Regel besagt, dass das Geschlecht, das viel Energie und Zeit in die Nachkommen investiert, bei der Partnersuche wählerisch sein sollte und dass innerhalb des Geschlechts, das wenig investiert, starke Konkurrenz um Paarungsmöglichkeiten herrschen sollte. *s. S. 28, 112*

Chromosom – Träger der Erbinformation; Bauelement des Zellkerns mit linear angeordneten Genen; nur sichtbar in der stark verkürzten Transportform. *s. S. 55, 60, 103*

diploid – Mit doppeltem Chromosomensatz; Zustand, in dem jedes Chromosom in einem Zellkern zweimal vertreten ist (2n). *s. S. 55, 103, 116, 120*

DNA-Fingerabdruck – Bei dieser Methode werden das Erbmaterial eines Organismus mit Enzymen zerschnitten und dann die Fragmente nach Größe getrennt. Das bei der physikalischen Trennung entstehende Muster aus Bändern kann beim Vergleich mit dem Muster anderer Individuen deren Verwandtschaft zuverlässig anzeigen. *s. S. 68*

Epistasie – Wechselwirkung von Genwirkungen; zwei Gene wirken epistatisch, wenn die gemeinsame Wirkung von der Summe der Einzelwirkungen abweicht. *s. S. 106*

ESS – Evolutionär stabile Strategie; Strategie, die von keiner der möglichen Alternativen aus einer Population verdrängt werden kann. *s. S. 16, 27, 99f.*

Eukaryot – Lebewesen, das einen Zellkern besitzt. Alle Mehrzeller (und wenige Einzeller) sind Eukaryoten. *s. S. 103*

Gameten – Reife, haploide Geschlechtszellen, entstanden durch Meiose. Bei der Befruchtung verschmelzen die Zellkerne andersgeschlechtlicher Gameten.

Genotyp – Erbgut, Gesamtheit der Erbanlagen eines Individuums; Gegenstück zum Phänotyp (Erscheinungsbild). *s. S. 55, 77, 103f., 106*

Gruppenauslese – Eine Form der Auslese, die dazu führt, dass Merkmale zugunsten einer Gruppe von Organismen gestaltet werden, nicht zugunsten eines Individuums. *s. S. 54*

Habitat – Lebensraum; Gebiete, welche die grundlegenden, artspezifischen Bedingungen für das Überleben eines Individuums zur Verfügung stellen. *s. S. 30*

haploid – Mit einfachem Chromosomensatz, Zustand, in dem jedes Chromosom in einem Zellkern nur einmal vertreten ist (1n). Beim Menschen sind das Eizellen und Spermien. *s. S. 103, 119*

Hormon – Organische Substanz, die bei der Regulation physiologischer Zustände und Aktivitäten teilnimmt. Hormone werden von

Drüsen ausgeschüttet und werden mit dem Blut zu ihren Zielgeweben transportiert. *s. S. 13, 94*

Kooperation – In der Evolutionsbiologie eine Handlung, die anderen Individuen nutzt. *s. S. 7, 14, 24f., 57, 64, 100ff.*

Kopplung – Die Tendenz von Genen, gemeinsam vererbt zu werden, da sie auf dem gleichen Chromosom liegen.

Modul – Ein Stück Gerät oder Programm, das als Bau- oder Funktionsgruppe einen Teil eines Ganzen bildet und geändert oder ausgetauscht werden kann, ohne dass Eingriffe im übrigen System erforderlich werden. *s. S. 88f.*

Mutation – Eine plötzlich entstehende erbliche Veränderung eines genetisch bedingten Merkmals: Veränderungen an einzelnen Genen (Genmutation), Verlust oder Neuanordnung von Chromosomenabschnitten (Chromosomenmutation), Abweichungen in der Chromosomenzahl (Genommutation). *s. S. 10f., 90, 105f.*

Mutualismus – eine Form der kooperativen Wechselwirkung zwischen zwei oder mehreren Partnern, bei der alle beteiligten Individuen ohne jegliche zeitliche Verzögerung die Vorteile der Kooperation genießen können. *s. S. 49*

Östrus – bei Säugetieren die Zeit erhöhter sexueller Aktivität. Während des Östrus geschieht der Eisprung. *s. S. 74*

Phänotyp – Äußeres Erscheinungsbild eines Organismus; entstanden aus dem Wechselspiel zwischen Erbgut (Genotyp) und seinem Innenmilieu einerseits und seiner Umwelt andererseits; Gesamtheit der sichtbaren Merkmale. *s. S. 10, 12f., 22, 81, 84, 87, 98*

Pheromon – Pheromone sind Stoffe, die von einem Individuum in die Umgebung abgegeben werden und das Verhalten, die Physiologie (z.B. den Hormonspiegel) oder die emotionale Stimmung eines anderen Individuums derselben Art verändern. *s. S. 62, 119*

Population – Die Individuen einer Art, die ein bestimmtes, abgegrenztes Areal bewohnen. *s. S. 6, 9ff., 16, 18, 26, 34, 42, 54f., 67f., 90f., 94ff., 104ff.*

Prokaryot – Lebewesen ohne einen fest abgegrenzten Zellkern. Bakterien sind Prokaryoten.

Reaktionsnorm – Eine Reaktionsnorm beschreibt alle möglichen Phänotypen, die ein bestimmter Genotyp unter verschiedenen Umweltbedingungen ausbilden kann. *s. S. 81*

Rekombination – Bei der geschlechtlichen Fortpflanzung werden die Genkombinationen der Eltern durch interchromosomale Rekombination (zufällige Verteilung der homologen Chromosomen bei der Keimzellenbildung) und intrachromosomale Rekombination (durch crossing-over nach Gesetzen des Zufalls) auf die Nachkommen verteilt. *s. S. 10, 103ff.*

Reziprozität – Eine Form der kooperativen Wechselwirkung zwischen zwei oder mehreren Partnern, bei der einige Individuen mit zeitlicher Verzögerung die Vorteile der Kooperation genießen können. *s. S. 53ff.*

Ritualisierung – Evolutionärer Prozess, in dessen Verlauf ein Verhaltensmuster derart abgewandelt wird, so dass es einer kommunikativen Funktion dient. *s. S. 6f., 17, 30f.*

Soziobiologie

Grundriss

Vertiefungen

Anhang

Literaturhinweise

ALLGEMEINE ÜBERBLICKE UND EINFÜHRUNGEN

Frank, Steven A.: *Foundations of Social Evolution.* Princeton 1998

Krebs, John R. und Davies, Nicholas B.: *Einführung in die Verhaltensökologie.* Berlin 1996

Krebs, John R. und Davies, Nicholas B. (Hrsg.): *Behavioural Ecology. An Evolutionary Approach.* Oxford 1997

GESCHICHTE, KONZEPTE UND METHODEN DER SOZIOBIOLOGIE

Boak, Christine et al.: Genetic tools for studying adaptation and the evolution of behaviour. In: *American Naturalist*, Bd. 160 Supplement, S. 143–159, 2002

Harvey, Paul H. und Pagel, Mark D.: *The Comparative Method in Evolutionary Biology.* Oxford 1991

Smith, John Maynard: *Evolution and the Theory of Games.* Cambridge 1982

Smith, John Maynard und Price, George R.: The logic of animal conflict. In: *Nature*, Bd. 246, S. 15–18, 1973

Segerstråle, Ullica: *Defenders of the Truth. The Battle for Science in the Sociobiology Debate and Beyond.* Oxford 2000

SEXUELLE AUSLESE UND FORTPFLANZUNGSSTRATEGIEN:

Andersson, Malte: *Sexual Selection.* Princeton 1994

Arnqvist, Göran und Rowe, Locke: Antagonistic coevolution between the sexes in a group of insects. In: *Nature*, Bd. 415, S. 787–789, 2002

Basolo, Alexandra L.: Phylogenetic evidence for the role of a pre-existing bias in sexual selection. In: *Proceedings of the Royal Society London B*, Bd. 259, S. 307–, 1995

Codero, Carlos und Eberhard, William G.: Female choice of sexually antagonistic male adaptations: a critical revies of some current research. In: *Journal of Evolutionary Biology*, Bd. 16, S. 1–6, 2003

Dunnock, Nicholas B. Davies: *Behaviour and Social Evolution.* Oxford 1992

Emlen, Stephen T. und Oring, Lewis W.: Ecology, sexual selection, and the evolution of mating systems. In: *Science*, Bd. 197, S. 215, 1977

Hamilton, William D. und Zuk, Marlene: Heritable true fitness and bright birds: A role for parasites? In: *Science*, Bd. 218, S. 384, 1982

Trivers, Robert L.: Parental investment and sexual selection. In: *Sexual Selection and the Descent of Man 1871 – 1971.* (Hrsg. B. Campbell), Chicago 1972

Zahavi, Amotz und Zahavi, Avishag: *Signale der Verständigung. Das Handicap-Prinzip.* Frankfurt am Main 1998

SOZIALE EVOLUTION

Bourke, Andrew F. G. und Franks, Nigel R.: *Social Evolution in Ants.* Princeton 1995

Dugatkin, Lee Alan: *Cooperation Among Animals. An Evolutionary Perspective.* Oxford 1997

Hamilton, William D.: The genetical evolution of social behaviour, I and II. In: *Journal of Theoretical Biology*, Bd. 7, S. 1–54, 1964

Komdeur, Jan: Daughters on request: about helpers and egg sexes in the Seychelles warbler. In: *Proceedings of the Royal Society London B*, Bd. 270, S. 3–11, 2003

Krause, Jens und Ruxton, Graeme D.: *Living in Groups.* Oxford 2002

Sherman, Paul W., Jarvis, Jennifer und Alexander, Richard D. (Hrsg.): *The Biology of the Naked Mole-Rat.* Princeton 1991

Trivers, Robert L.: The evolution of reciprocal altruism. In: *Quarterly Review of Biology*, Bd. 46; S. 35–57, 1971

Literaturhinweise

HUMANSOZIOBIOLOGIE UND IHRE ALTERNATIVEN

Barrett, Louise, Dunbar, Robin und Lycett, John: *Human Evolutionary Psychology*. Basingstoke 2002

Borgerhoff Mulder, Monique: The demographic transition: are we any closer to an evolutionary explanation? In: *Trends in Ecology & Evolution*, Bd. 13, S. 266–270, 1998

Daly, Martin und Wilson, Margo: *The Truth about Cinderella. A Darwinian View of Parental Love.* London 1998

Gugliemo C. R., Viganotti, C., Hewlett, B. und Cavalli-Sforza, L.: Cultural variation in Africa: role of mechanism of transmission and adaptation. In: *Proceedings of the National Academy of Sciences* USA, Bd. 92, S. 7585–7589, 1995

Kappeler, Peter M. und Pereira, Michael E.: *Primate Life Histories and Socioecology.* Chicago 2003

Laland, Kevin N. und Brown, Gillian R.: *Sense & Nonsense. Evolutionary Perspectives on Human Behaviour.* Oxford 2002

Smith, Eric A., Borgerhoff Mulder, Monique und Hill, Kim: Controversies in the evolutionary social sciences: a guide for the perplexed. In: *Trends in Ecology & Evolution*, Bd. 16, S. 128–135, 2001

de Waal, Frans (Hrsg.): *Tree of Origin. What Primate Behavior Can Tell Us about Human Social Evolution.* Cambridge 2001

ZU DEN EINZELNEN VERTIEFUNGEN

Axelrod, Robert: *Die Evolution der Kooperation.* München 2000

Axelrod, Robert und Hamilton, William D.: The evolution of cooperation. In: *Science*, Bd. 211, S. 1390–1396, 1981

Brommer, Jon E.: The evolution of fitness in life-history-theory. In: *Biological Reviews of the Cambridge Philosophical Society*, Bd. 75, S. 377–404, 2000

Birkhead, Tim R. und Pape Møller, Anders (Hrsg.): *Sperm Competition and Sexual Selection.* London 1998

Höglund, Jacob und Alatalo, Rauno V.: *Leks.* Princeton 1995

Mock, Douglas W. and Parker, Geoffrey A.: *The Evolution of Sibling Rivalry*. Oxford 1997

Ostrom, Elinor: *Governing the Commons. The Evolution of Institutions for Collective Action.* Cambridge 1991

Panter-Brick, Catherine, Layton, Robert H. und Rowley-Conwy, Peter (Hrsg.): *Hunter-Gatherers. An Interdisciplinary Perspective*. Cambridge 2001
